Duden

Einfach klasse in Deutsch

5. Klasse

Wissen • Üben • Testen

Dudenverlag
Mannheim • Leipzig • Wien • Zürich

Bildquellennachweis:
Bibliographisches Institut & F. A. Brockhaus, Mannheim: S. 39 (Hauskatze und Tiger)
Martin Bredol, Seeheim-Jugenheim: S. 26, 28
Corbis, London und Düsseldorf: S. 39 (Leopard)
Inter IKEA Systems B. V.: S. 21
Kessler-Medien, Saarbrücken: S. 26 (Junge mit Rucksack)
Miele & Cie. KG, Gütersloh: S. 32
Joachim Schreiber, Seeheim-Jugenheim: S. 25, 26
Vitra Design Museum, Weil am Rhein: S. 24

Bibliografische Information der Deutschen Nationalbibliothek
Die Deutsche Nationalbibliothek verzeichnet diese Publikation in der Deutschen Nationalbibliografie; detaillierte bibliografische Daten sind im Internet über http://dnb.ddb.de abrufbar.

Nach den ab 1. 8. 2006 gültigen Rechtschreibregeln.

Redaktionelle Leitung Martin Bergmann
Redaktion Martin Bredol, Annika Renker, Elke Spitznagel
Autoren Annegret Ising, Hans-Jörg Richter, Wencke Schulenberg

Herstellung Annette Scheerer
Layout Horst Bachmann
Illustration Carmen Strzelecki
Umschlaggestaltung Sven Rauska
Umschlagabbildung Avenue Images / IT Stock Free

Satz Petra Bachmann, Weinheim
Druck und Bindung Kösel, Altusried-Krugzell
Printed in Germany

ISBN: 978-3-411-72151-1

Inhaltsverzeichnis

5 Satzglieder

6 Rechtschreibung

7 Zeichensetzung

Lösungen

INHALT

1 Erzählen

1.1 Erzählen – Ideen sammeln und ordnen

Erzählen bedeutet, ein Erlebnis, eine Begebenheit, eine Handlung, ein Ereignis unterhaltsam – d. h. spannend, interessant oder lustig – wiederzugeben.	Der Rosenmontagszug Das große Gewitter Die Rettung eines Schiffbrüchigen Das Schulfest
Erzählende Texte können ■ Erlebniserzählungen (1) oder ■ Traum- und Fantasiegeschichten (2) sein.	(1) Mein Urlaub auf dem Reiterhof Mein erster Tag an der neuen Schule (2) Mein Kampf mit dem Drachen Meine Reise mit der Zeitmaschine
Bei allen erzählenden Aufsätzen musst du zuerst **Ideen sammeln.**	
In **Erlebniserzählungen** erzählst du von dem, was du tatsächlich erlebt hast oder zumindest erlebt haben könntest. ■ Wer war dabei? (1) ■ Wo und wann spielt die Geschichte? (2) ■ Was genau hast du erlebt? (3) ■ Was war das ganz Besondere an diesem Erlebnis? (4)	(1) mein bester Freund, seine kleine Schwester und mein Hund (2) am späten Nachmittag auf dem Heimweg vom Freibad (3) die ersten Regentropfen auf dem heißen Asphalt – Angst meines Freundes – Winseln des Hundes – die ersten Sonnenstrahlen nach dem Gewitter (4) fantastisches Naturschauspiel – der warme Regen auf der Haut – das laute Donnergrollen – grelle Blitze
In **Traum- und Fantasiegeschichten** erzählst du von dem, was man nur im Traum oder in der Fantasie erleben kann. ■ Wie sieht der fantastische Ort aus, an dem das Geschehen stattfindet? (1) ■ Welche besonderen Eigenschaften haben die Menschen oder die anderen Figuren in der Fantasiegeschichte? (2) ■ Was ist das ganz Besondere an diesem fantastischen Geschehen? (3)	(1) grellbunte Pflanzen und Tiere – ganz schmale Hochhäuser mit runden Fenstern (2) menschenähnliche Figuren mit dreieckigen Köpfen – rot-weiß karierte hundeähnliche Wesen (3) die „Hunde“ können sprechen und geben den Menschen Befehle

Nachdem du Ideen gesammelt hast, musst du diese sinnvoll **ordnen**.

In der **Einleitung** gibst du einen kurzen Überblick über die Ausgangssituation:

- Wer handelt?
- Wann und wo spielt die Geschichte?
- Worum geht es?

Achtung: Noch nicht zu viel verraten! Nur knappe Informationen geben, so wird die Geschichte spannender.

Im **Hauptteil** entfaltest du das besondere Erlebnis oder die fantastische Begebenheit in mehreren Erzählschritten, welche die Spannung immer weiter steigern.

Der **Schluss** bringt die Auflösung der Spannung. Wie die Einleitung sollte auch dieser gar nicht lang sein. Im Gegenteil: Bringe die Geschichte möglichst treffend zum Abschluss bzw. runde sie ab.

Einleitung:
Freibadbesuch mit Freunden und Hund Leica – strahlender Sonnenschein – beste Stimmung – langsam ziehen Wolken auf

Hauptteil:
ein leichter, angenehmer Wind kommt auf – immer mehr Wolken – es wird dunkler – Wind verstärkt sich – Leica wird unruhig, beginnt zu bellen und umherzulaufen – Blick zum Himmel: von Westen große schwarze Wolken mit Regenfront – schnell umziehen und nach Hause radeln – erste Regentropfen – gerade noch bis zum Wartehäuschen an der nächsten Bushaltestelle – alle ziemlich durchnässt – Straßen innerhalb kürzester Zeit unter Wasser – Blitze zucken über den Himmel, Donner krachen – Betrachtung des Naturschauspiels mit Angst und Begeisterung zugleich – Weltuntergangsstimmung

Schluss:
nach 5 Minuten ist der Spuk vorüber – wir gehen über regennasse Straßen und durch feuchte Luft nach Hause

---

Nach dieser Textvorbereitung kannst du anfangen zu schreiben. Die **Erzählzeit** ist die Vergangenheit, das **Präteritum** (1). Greifst du auf etwas zurück, das zeitlich vor dem eigentlichen Geschehen liegt, benutzt du die Vorvergangenheit, das **Plusquamperfekt** (2).

Gliedere deinen Text!
Achte auf eine **abwechslungsreiche und anschauliche Sprache** (↑ Kap. 1.2 und Kap. 1.3).
Verliere die **Aufgabenstellung** nicht aus dem Auge (z. B. keine Fantasiewesen im Erlebnisaufsatz).

(1) Wir **standen** triefnass an der Ampel, als plötzlich ein laut krachender Donner in unseren Ohren **dröhnte**.
(2) Als wir aus dem Freibad **aufgebrochen waren**, **hatte** es erst einzelne kleinere Wolken **gegeben**.

ÜBUNG 1 **Gehören die folgenden Ideen eher zu einer Erlebniserzählung oder zu einer Fantasiegeschichte? Trage die entsprechenden Nummern in die Zeilen unten ein.**

(1) Zum ersten Mal allein zu meinen Großeltern mit dem Zug gefahren – (2) allein in einem dunklen, großen Wald – (3) morgens um 8:00 Uhr losfahren – (4) von Weitem ein Pferd mit gelb-braunen Punkten sehen – (5) die Gedanken des Pferdes lesen – (6) Intercity fahren – (7) ein spannendes Buch lesen – (8) blutrote Wiesen, über denen noch der Nebel hängt – (9) je weiter man sich entfernt, desto größer wird das Tier – (10) schnell noch ein Brötchen kaufen – (11) den Wald durchdringt eine sonderbare Melodie – (12) den Anschlusszug verpassen – (13) die Großeltern mit dem Handy über die Verspätung informieren – (14) Vögel mit Mäusekrallen in der Luft – (15) einen Schaffner mit feuerrotem Haar und Augenbrauenpiercing treffen – (16) mit Überschallgeschwindigkeit fliegen

Erlebniserzählung	Fantasiegeschichte

ÜBUNG 2 **Ordne die folgenden Ideen den unterschiedlichen Aufsatzthemen (grüne Felder) zu. Verbinde mit Linien.**

Grill aus dem Keller holen

dreißig Käselaiber pro Tag verspeisen

Hefeteig für Stockbrot ansetzen

Einladungskarten schreiben und verteilen

angekohlte Bäume und Sträucher

Holzkohle kaufen

Meine Geburtstagsparty

Die Supermaus

Begegnung mit einem Drachen

allerdings etwas eitel, bürstet sich jeden Tag zwei Stunden lang das Fell

sumpfiges Gelände

furchterregende Geräusche

als Blitzkurier einsetzbar

Schwefelgeruch

ÜBUNG 3 **Sammle zu jedem Thema noch drei weitere Ideen.**

Meine Geburtstagsparty	Begegnung mit einem Drachen	Die Supermaus

ÜBUNG 4 **Die folgende Geschichte ist durcheinandergeraten. Bringe die Sätze in die richtige Reihenfolge.**

1. Meine Lehrerin stand wie versteinert an der Tafel und forderte Felix auf, endlich die Maske abzunehmen und seine Hausaufgaben vorzulesen.
2. In diesem Augenblick verschwand mein berühmter Tischnachbar wieder und meine Freundin weckte mich, weil ich bald aussteigen musste.
3. Als ich mit dem Schulbus nach Hause fuhr, nickte ich ein und träumte von der letzten Englischstunde.
4. Meine Lehrerin lief hochrot an und wollte gerade auf ihn zustürmen, als Harry Potter sich mit einem Zauberspruch rettete und meine Lehrerin festkleben ließ.
5. Harry Potter sprach sie höflich an und erklärte ihr, dass sie ihn wohl verwechsle.
6. Ohne zu überlegen, schlüpfte sie aus ihren Schuhen und kam auf uns zu.
7. Plötzlich saß statt meines Banknachbarn Felix Harry Potter neben mir und blickte mich durch seine Brille schelmisch an.

Die richtige Reihenfolge:

ÜBUNG 5 **Vervollständige die folgende Geschichte zum Thema „Eine Nacht im Tropenhaus“:**

a) Lies die Einleitung und sammle Ideen.
b) Ordne deine Ideen: Was gehört in die Einleitung, was in den Hauptteil, was an den Schluss?
c) Schreibe jetzt den Aufsatz in dein Übungsheft.

Eine Nacht im Tropenhaus
Gestern habe ich davon geträumt, über Nacht im Zoo eingeschlossen worden zu sein. Um mich vor dem großen Gewitter zu schützen, ging ich ins Tropenhaus. Als ich kurz nach dem Gewitter das Tropenhaus verlassen wollte, ...

1.2 Anschaulich und lebendig erzählen

Dein Aufsatz wird interessanter und spannender, wenn du im Hauptteil viele **Einzelheiten** erzählst über: ■ die handelnden **Personen / Figuren** (1) (z. B. Kleidung, Gesichtsausdruck, besondere Eigenschaften), ■ den **Ort des Geschehens** (2), d. h. die Umgebung (z. B. Menschen, Tiere, Pflanzen, Straßen / Wege, Häuser, Autos) oder die Räume (z. B. Größe, Helligkeit, Farbgestaltung, Möbel, Gegenstände), ■ den genauen **Ablauf des Geschehens** (3) (Reihenfolge, Gründe, Höhepunkt).	Seifenkistenrennen am Hülser Berg (1) Jan und Chris – Hin- und Herlaufen – professionelle Rennanzüge – bunt gestylte Fahrradhelme – angespannte Gesichter – siegessicher mit erhobenen Armen (2) Berg – steile Straße – dichte Bäume – warme Junisonne – Hunderte klatschender und laut jubelnder Zuschauer am Straßenrand (3) TÜV-Sicherheitscheck vor dem Start – Startschuss – steigende Geschwindigkeit (40, 45, 47 km/h) – knapper Vorsprung von Jan – bei Höchstgeschwindigkeit waghalsiges Manöver von Chris – auf zwei Rädern weiterfahren – überholen – Jan gibt sich nicht geschlagen – noch 70 Meter bis zum Ziel – 30, 20 Meter – Zieldurchfahrt – Apfelschorle zur Siegerehrung
Dein Aufsatz sollte **sprachlich abwechslungsreich** gestaltet sein: ■ Erarbeite **Wortfelder**, um Wortwiederholungen zu vermeiden. ■ Achte auch auf Abwechslung bei den **Satzanfängen**. ■ Benutze treffende **Adjektive** und **Verben**, verwende auch Sprachbilder und Vergleiche, um Situationen, Stimmungen und Gefühle **anschaulich** darzustellen.	laufen – rasen – eilen – spurten – taumeln hoffen – träumen – sich wünschen am Anfang – plötzlich – im nächsten Augenblick – zuletzt – schließlich überglücklich – maßlos aufgeregt – ihr schlotterten die Knie – er bekam vor Anstrengung einen feuerroten Kopf – ihm rutschte das Herz in die Hose – sie fühlte sich wie im siebten Himmel
■ Durch **wörtliche Rede** und die Darstellung von **Gedanken** und **Gefühlen** der handelnden Figuren wird deine Geschichte lebendiger und unterhaltsamer.	Jan war glücklich über seinen Sieg. *Besser:* „Super! Klasse! Das war bestimmt mein allerbester Wettkampf!“, jubelte Jan.

ÜBUNG 6 **Erarbeite Wortfelder zu den folgenden Begriffen. Dazu kannst du ein Wörterbuch benutzen (z. B. Duden Nr. 8, Das Synonymwörterbuch).**

sagen:

denken:

lustig:

sich freuen:

helfen:

Hindernis:

ÜBUNG 7 **Ordne den Aussagen die passenden Gedanken oder Ausrufe zu.**

„Da ist bestimmt 'ne tolle Stimmung im Stadion!"

„Mist, so 'ne Chance kommt so schnell nicht wieder!"

„Eigentlich hatte ich ja genug geübt, wenn ich nur nicht so aufgeregt gewesen wäre!"

„Hoffentlich ist ihr nichts zugestoßen! Minka, komm doch zurück!"

„Super, jetzt kann ich bald wieder seilspringen!"

Christian ist enttäuscht, weil er einen Elfmeter verschossen hat:

Pia ist erleichtert, weil sie endlich von ihrem Gipsverband befreit worden ist:

Laura ist aufgeregt, weil sie zum ersten Mal zum Eishockeyspiel gehen darf:

Chiara ist traurig, weil ihre Katze weggelaufen ist:

Jonas ist gespannt auf die Note in seiner letzten Deutscharbeit:

ÜBUNG 8 Fülle in den folgenden Bildern die Gedankenblasen aus: Was könnte die Person denken?

ÜBUNG 9 Verbinde die Wörter zu anschaulichen und ausdrucksstarken Wendungen.

vor lauter	starkes Herzklopfen	erfrieren
mit schlotternden	Blick	ankommen
in klirrender	Lautstärke	brausen
mit rasanter	Enttäuschung	zuwerfen
vor Aufregung	Geschwindigkeit	krumm machen
keinen	Knien	kreischen
mit ohrenbetäubender	Kälte	heulen
einen bitterbösen	Finger	haben

ÜBUNG 10 **Kreuze an: Was bedeutet eigentlich … ?**

1. jemandem auf den Leim gehen:
   - sich täuschen lassen, auf jemanden hereinfallen
   - andere durch besondere Tölpelhaftigkeit stören
   - lange bei jemandem stehen bleiben und sich unterhalten

2. lange Ohren machen:
   - andere wegen ihres Fehlverhaltens rügen bzw. tadeln
   - hüpfen wie ein Hase
   - genau hinhören, neugierig lauschen

3. nicht auf den Mund gefallen sein:
   - ständig reden, auch wenn man nicht gefragt wird
   - alles besser wissen, andere ständig korrigieren
   - schlagfertig sein, gut reden können

4. bei Nacht und Nebel:
   - etwas plötzlich, unerwartet und heimlich tun
   - etwas besonders Gefährliches tun
   - lange feiern, erst spät nach Hause kommen

5. mit jemandem Pferde stehlen können:
   - auf der Pferderennbahn betrügen
   - jemanden haben, dem man vertrauen kann
   - sich reitend aus einer brenzligen Situation befreien

ÜBUNG 11 **Ordne die Adjektive aus dem Wortspeicher den einzelnen Begriffen zu; manche Adjektive kannst du mehrfach verwenden.**

lecker – diesig – neblig – prachtvoll – frostig – würzig – fröhlich – heiter – munter – spindeldürr – schön – teuer – reichhaltig – gläsern – spannend – umkämpft – heiß – anstrengend – versalzen – blond

Wetter	
Mittagessen	
Briefträger	
Traumschloss	
Radrennen	

ÜBEN

ÜBUNG 12 **Schreibe eine kurze Geschichte, in der du möglichst alle vorgegebenen Adjektive und Nomen verwendest (sie sind aus Übung 11). Vielleicht kannst du auch einzelne Wendungen aus den Übungen 9 und 10 einsetzen.**

Wetter	neblig	spindeldürr	heiß ✓
Mittagessen ✓	prachtvoll	schön	anstrengend ✓
Traumschloss ✓	frostig	teuer	versalzen ✓
Briefträger ✓	würzig	reichhaltig	blond
Radrennen	fröhlich	gläsern ✓	
lecker	heiter	spannend ✓	
diesig	munter ✓	umkämpft	

Gestern ist mir etwas ganz Seltsames passiert. Als ich kurz vor dem Mittagessen zu unserem Briefkasten ging, traf ich unseren Briefträger. Er, der sonst immer so

Bis dahin schien mir alles noch ganz normal, aber als wir dann an einem gläsernen Traumschloss vorbeikamen, war ich schon nicht mehr ganz so munter.

Das war sicher eines meiner spannendsten Abenteuer! Nach diesem anstrengenden Wettkampf hatte ich so einen Hunger, dass mir sogar der Erbseneintopf meiner Mutter schmeckte, obwohl er – wie immer – mörderisch heiß und dazu noch versalzen war.

1.3 Erzählen nach Vorlagen

Neben dem freien Erzählen, bei dem nur ein Thema vorgegeben ist, gibt es auch Aufsätze mit genaueren **Vorgaben**.
Bei diesen Aufgaben ist es besonders wichtig, dass du dir die Vorgaben sowie die Aufgabenstellung genau ansiehst.

Bildergeschichte
Fortsetzungsgeschichte
Ausgestaltung eines Erzählkerns

Bei der **Bildergeschichte** ist die Vorgabe ein Bild oder eine Bilderfolge:

- Was ist auf dem Bild / den Bildern dargestellt?
- Gibt es auffällige Personen, Figuren oder Gegenstände?
- Wie ist der Ort oder Raum dargestellt?
- Ist eine Entwicklung zwischen den einzelnen Bildern zu erkennen?

links:
– Vater trägt Koffer in ein (Hotel-)Zimmer
– Tochter freut sich
rechts:
– Familie (Mutter, Vater, Tochter)
– Koffer werden ausgepackt
– die Tochter denkt an (ihren) Hund
– sie ist erschrocken

Bei der **Fortsetzungsgeschichte** ist ein Textanfang oder eine Einleitung vorgegeben:

- Was ist dem Textanfang zu entnehmen über die handelnden Personen oder Figuren, den Ort und den vermutlichen Verlauf des Geschehens?
- Ist es eine Erlebniserzählung oder eine Fantasiegeschichte?

Unser Bello, das ist wirklich ein ganz Schlauer, der weiß immer, wo er etwas Leckeres bekommt. Das hat er erst gestern wieder bewiesen, als wir ...
– Hund heißt Bello
– Geschichte geht gut aus
– Bello muss etwas ganz Besonderes / Außergewöhnliches getan haben
– Geschichte dreht sich um die Nahrung des Hundes

Die Aufgabe kann auch die **Ausgestaltung eines vorgegebenen Erzählkerns** sein:

- Finden sich im Erzählkern Antworten auf die Fragen, wie und warum es zu dieser Situation gekommen ist?
- Gibt es Hinweise, wie die Situation / das Problem aufgelöst werden könnte?

Eine Familie fährt in den Urlaub. Nachdem sie nach sieben Stunden Fahrt endlich angekommen ist, fällt der kleinen Tochter auf, dass ihr Hund nicht da ist. Sie läuft mit ihren Eltern durch den ganzen Ort und findet ihn schließlich nach langer Suche.
– sehr lange Autofahrt
– Familie sucht gemeinsam
– Suche dauert lange, ist aber erfolgreich

ÜBUNG 13 **Betrachte die Bilder genau und kreuze die richtigen Antworten an.**

a

b

c

d

e

f

1. In welcher Jahreszeit fährt die Familie in den Urlaub?
   - ☐ Winter ☐ Sommer ☐ Herbst

2. Wie heißt der Besitzer der Würstchenbude?
   - ☐ Willi ☐ Heinz ☐ Ernst

3. Was ist auf Bild f außer der Familie zu sehen?
   - ☐ Hirsch ☐ Mann ☐ Fahrrad

ÜBUNG 14 **Schreibe deine Beobachtungen zu den einzelnen Bildern in dein Übungsheft.**

Bild a: Was fällt beim Auspacken der Koffer auf?
Bild b: Was bekommt der Hund?
Bilder c und d: Wo ist die Familie angekommen? Was tut der Vater? Wo ist der Hund?
Bild e: Wo findet die Familie den Hund? Warum ist der Hund dorthin gelaufen?
Bild f: Wo sucht die Familie den Hund? Wen könnte sie nach ihm fragen?

ÜBUNG 15 **Bringe die Bilder jetzt in die richtige Reihenfolge.**

Bild 1 = ☐ Bild 2 = ☐ Bild 3 = a

Bild 4 = ☐ Bild 5 = ☐ Bild 6 = ☐

ÜBUNG 16 **Erarbeite Wortfelder zu folgenden Begriffen.**

Sorge	Freude	Hunger

ÜBUNG 17 **Ordne folgende Gedanken und Ausrufe des Mädchens den Bildern c, a und f aus Übung 13 zu.**

„Wo ist Bello?" – „Super, endlich angekommen!" – „Jetzt sind wir schon durch den ganzen Ort gelaufen, wo ist er nur?" – „Ist er nach der letzten Rast wieder eingestiegen?" – „Und wo ist mein Bett?" – „Sollen wir nicht mal bei der Polizei nachfragen?" – „Wir müssen ihn unbedingt suchen!" – „Das wird bestimmt ein toller Urlaub!" – „Hoffentlich finden wir ihn wieder!"

Bild c

Bild a

Bild f

ÜBUNG 18 **Erzähle nun die Bildergeschichte „Wo ist Bello?". Benutze dazu dein Übungsheft.**

Check-up Erzählen

45 Minuten

AUFGABE 1 **Bringe mit den Zahlen 1 – 8 die Ideen zum Thema „Mein Urlaub in den Bergen" in die richtige Reihenfolge. Ordne sie dann der Einleitung, dem Hauptteil und dem Schluss zu.**

a) deftige Brotzeit, selbst gemachter Ziegenkäse, frische Kuhmilch ___

b) noch acht Kilometer, schmerzende Füße, „Das schaffe ich nie!" ___

c) letztes Jahr Familienurlaub in der Schweiz ___

d) steile Anstiege, knöcheltiefe Bachläufe, schmale Pfade ___

e) zu Hause noch oft davon erzählt ___

f) das Beste: Tour mit einer Übernachtung auf einer Hütte ___

g) Ankunft auf der Hütte; sehr erschöpft ___

h) insgesamt tolles Erlebnis – nächstes Jahr größere Tour ___

Einleitung: ___ , ___ **Hauptteil:** ___ , ___ , ___ , ___ **Schluss:** ___ , ___

AUFGABE 2 **Gestalte den folgenden Text anschaulicher, indem du die Wörter aus dem Wortspeicher in die passenden Lücken einsetzt.**

> durchdringende – orangefarbenen – gelb gestrichenen – neu verputzte – besorgt blickende – wunderschön blühenden – freudig – großer – zügig

Verena fuhr mit ihrem ___ Fahrrad zur Schule. Dort traf sie Lena, die sie ___ begrüßte. Gemeinsam gingen sie an dem ___ Blumenbeet vor dem Eingang vorbei und hinein in das ___ Schulgebäude. In ihrem ___ Klassenraum waren schon viele andere Kinder. Gerade als sie sich an ihren Platz setzen wollten, ertönte der ___ Feueralarm. Alle Kinder waren in ___ Aufregung. Sie warteten auf die ___ Frau Meyer und gingen anschließend ___ auf den Schulhof. Zum Glück war es nur ein Probealarm.

TESTEN

AUFGABE 3 **Ordne die folgenden Sätze: Welche gehören in die Einleitung, welche in den Hauptteil, welche in den Schluss deines Aufsatzes? Schreibe die richtige Reihenfolge von 1 bis 15 in die Felder rechts.**

1. Sofort ging ich zu meinen Eltern und berichtete davon. ....
2. Als ich letzten Sommer mit meinen Eltern an der See war, sah ich jemanden, der acht hintereinandergespannte Drachen steigen ließ. ....
3. Meine Eltern hörten mir interessiert zu. ....
4. Ich sollte mich am Ende der Drachen aufstellen und sie auf sein Zeichen hin loslassen, damit er die Drachen in die Luft ziehen konnte. ....
5. Meine Begeisterung war immer noch spürbar. ....
6. Es gelang mir sogar, ein paar Kurven zu lenken. ....
7. Ich hatte noch nie so viele hintereinander gesehen. ....
8. Danach schrieb ich meiner Freundin, dass ich „acht auf einen Streich" in Schach gehalten habe. ....
9. Aus der Entfernung fragte ich, ob ich ihm helfen könne. ....
10. Die Sätze sprudelten aus mir heraus. ....
11. Dann rief er mich zu sich und fragte, ob ich die Drachen einmal lenken wollte. ....
12. Ich ließ mich sanft von der Kraft der Drachen ziehen und fühlte mich, als ob ich im nächsten Augenblick abheben würde. ....
13. Nachdem ich ihm eine Weile zugeschaut hatte, ließ er die Drachen wieder zu Boden kommen und wechselte einige Drachen aus. ....
14. Er erklärte mir, wie ich die Drachen halten müsste, und übergab sie mir. .
15. So etwas hatte ich noch nie gemacht. ....

AUFGABE 4 **Verbessere den folgenden Text und schreibe deine Fassung in dein Übungsheft. Achte dabei auf die Erzählzeit und vermeide Wortwiederholungen.**

Gestern Abend haben wir „Das Nilpferd auf der Achterbahn" gespielt. Meine Schwester bekam die Aufgabe, rückwärts auf einem Bein um den Tisch zu hüpfen. Dann bekam mein Vater die Aufgabe, gurgelnd ein Lied zu singen, das wir erraten mussten. Mein Vater hat das Lied „Hänschen klein" gesungen. Wir haben aus vollem Halse gelacht. Dann bekam ich die Aufgabe, fünf Begriffe, die mit C anfangen, zu nennen. Wir haben alle zusammen geraten. Wir haben gegen 22 Uhr aufgehört zu spielen. Wir sind todmüde in unsere Betten gefallen.

AUFGABE 5 **Schreibe Wendungen auf, mit denen du die Handlung bis zum Höhepunkt steigern kannst.**

Beispiel: Komische oder merkwürdige Situationen
ein wenig: Das kam mir irgendwie merkwürdig vor.

ziemlich: So etwas hatte ich noch nie erlebt.

sehr: Ich konnte echt nicht glauben, was ich da sah!

1. Gefährliche Situationen
ein wenig: Es sah etwas gefährlich aus.

ziemlich:

sehr:

2. Eine Person / eine Figur, die einem auf die Nerven geht
ein wenig: Ich fand sein Gequatsche nicht besonders lustig.

ziemlich:

sehr:

3. Eine Situation, in der jemand Angst hat
ein wenig: Mir wurde ein bisschen mulmig!

ziemlich:

sehr:

AUFGABE 6 **Schreibe aus den vorgegebenen Ideen eine unterhaltsame Geschichte in dein Übungsheft.**

Einleitung:
gestern Morgen – Mathearbeit – Heft vergessen – noch einmal zurück ins Zimmer – Meerschweinchen ausgebrochen
Hauptteil:
Versuch, Meerschweinchen einzufangen – zunächst kein Erfolg – nachdenken darüber, wie ich es überlisten könnte – viele verschiedene Versuche – Gurkenscheiben mit Nussmus hervorgeholt, da Lieblingsfutter – erfolgreiche Taktik – Einfangen des Meerschweinchens
Schluss:
Verspätung bei der Mathearbeit – Lehrerin hält Story für eine Ausrede

Beschreiben

2.1 Gegenstandsbeschreibung

Eine **Beschreibung** informiert in sachlicher Weise über die besonderen Merkmale und Eigenschaften eines Gegenstands, einer Person oder eines Vorgangs.

Schmuckstück – Fahrrad – Cowboystiefel – Mathematiklehrerin – Zirkusclown – Zubereitung einer Käse-Sahne-Torte – Basteln eines Windrades – Spielablauf bei „Mensch-ärgere-dich-nicht"

Bei der **Gegenstandsbeschreibung** gibst du genaue Informationen zu
- Größe,
- Farbgestaltung,
- Material und
- Funktion

eines Gegenstands.

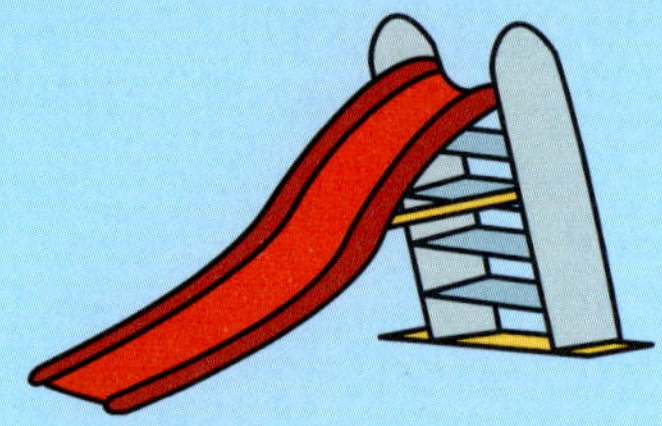

Sammle zuerst **Stichpunkte** und ordne sie.

Rutsche aus Kunststoff,
Höhe 1,20 m, Länge 1,60 m,
Rutschbahn Länge 1,40 m,
gelbe Querstrebe auf der Höhe von 70 cm,
Querlatte am Boden 1 m Länge,
rote Rutschbahn,
blaue Leiter mit vier 10 cm tiefen Stufen,
Spielgerät für Kleinkinder

Nun kannst du beginnen zu schreiben:
- Im **Einleitungssatz** benennst du den Gegenstand genau.
- Anschließend beschreibst du zunächst die **auffälligsten Merkmale**, dann die weiteren **wichtigen Eigenschaften**.
- Runde deine Beschreibung mit einem kurzen **Schlusssatz** ab, z. B. zur Funktion des Gegenstands.

Die Gegenstandsbeschreibung steht immer im **Präsens**. Schreibe in einer klaren und **sachlichen Sprache** mit einfachem Satzbau.

Achtung: Sachlich schreiben heißt: keine persönlichen Meinungen, Wertungen oder Deutungen!

Im Folgenden beschreibe ich eine Kleinkinderrutsche.
Die bunte Plastikrutsche ist aus hartem Kunststoff. Sie ist 1,20 m hoch und 1,60 m lang. Die blaue Leiter hat im Abstand von 30 cm vier Stufen. Die rote, 1,40 m lange Rutschbahn ist an beiden Seiten ein wenig erhöht. Eine gelbe Querstrebe verbindet die Rutschbahn auf der Höhe von 70 cm mit der Leiter. Am Fuß der Leiter ist eine Querlatte von 1 m Länge angebracht.
Diese Rutsche ist besonders für Kleinkinder geeignet, weil sie niedrig und standfest ist.

ÜBUNG 1 **Hier siehst du drei Gegenstände und jeweils drei Einleitungssätze einer Gegenstandsbeschreibung. Welcher ist der beste Einleitungssatz und warum?**

1. a) Also da ist so 'n Ding mit 'ner Kerze drinne.
   b) Der Gegenstand, den ich beschreibe, ist ein schwarzer Kerzenhalter.
   c) Der Gegenstand ist schwarz und obendrauf steht eine Kerze.

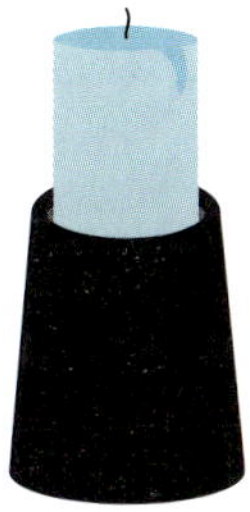

Satz ____ ist der beste,

weil ____________________

____

____________________.

2. a) Was ich beschreibe, das ist ein Topf mit einem Stiel.
   b) Vor mir steht eine schwarze Bratpfanne, die ich jetzt genauer beschreiben möchte.
   c) Mit diesem Gegenstand kann man gut Bratkartoffeln machen.

Satz ____ ist der beste,

weil ____________________

____

____________________.

3. a) Ich beschreibe jetzt einen Stuhl, der sieht fast genauso aus wie der von meinem Papa.
   b) Der Stuhl auf dem Bild ist ein moderner grüner Stuhl.
   c) Auf dem Bild ist ein mit grünem Stoff bezogener Bürostuhl zu sehen.

Satz ____ ist der beste,

weil ____________________

____

____________________.

ÜBEN

ÜBUNG 2 **Bringe die Informationen in eine sinnvolle Reihenfolge. Nummeriere.**

a) Unter der Schreibfläche befinden sich zwei gleich große, rechteckige Regalfächer.

b) Über den Fächern befindet sich eine Ablagefläche.

c) Die Regalfächer sind 10 cm tief.

d) Die 41 cm breite und 51 cm hohe Schreibfläche besteht aus schwarzem Schiefer.

e) Die Tafel kann zum Schreiben kurzer Informationen und zum Ablegen kleiner Gegenstände genutzt werden.

f) Im Folgenden beschreibe ich eine Schreibtafel mit Regalfächern.

g) Sie sind aus dem gleichen dunklen Holz wie der Rahmen.

h) Sie ist von einem 2 cm breiten Rahmen aus dunklem Holz umgeben.

i) Die Tafel ist 45 cm breit und 63 cm hoch.

ÜBUNG 3 **Beschrieben wird nun der Stuhl aus Übung 1. Verbessere die Sätze, indem du die rot hervorgehobenen Satzteile genauer formulierst.**

Im Folgenden beschreibe ich einen Stuhl.

Der Stuhl ist grün.

Man kann damit fahren, weil er auf fünf Rollen steht.

Auch die ganzen Armlehnen sind grün.

Man kann den Stuhl hoch- und runterstellen.

ÜBEN

ÜBUNG 4 **Kreuze jeweils die bessere der beiden Aussagen an und setze so eine gute Gegenstandsbeschreibung zusammen.**

Ich beschreibe

☐ eine Schreib- und Maltafel für Kinder.	☐ eine sehr schöne Kindertafel, auf der man toll malen kann.
☐ Die Tafel ist nicht besonders groß, damit kleine Kinder gut auf ihr malen können.	☐ Die Tafel ist insgesamt 1,19 Meter hoch. Die eigentliche Mal- oder Schreibfläche ist 43 Zentimeter breit und 55 Zentimeter hoch.
☐ Sie ist am besten für weiße Kreide, aber auch mit Gelb oder Hellgrün kann man auf ihr schreiben.	☐ Sie ist aus schwarzem Material hergestellt und kann sehr gut mit Kreide beschrieben werden.
☐ Um die Schreibfläche herum ist ein Rahmen aus hellem Holz. Die Tafel ist an einem Gestell mit vier Füßen befestigt. Dieses kann man zusammenklappen.	☐ Außerdem hat sie einen Rand und vier Füße aus hellem Holz, die man zusammenklappen und deshalb gut wegstellen kann.
☐ Ach ja, und dann ist da noch so eine Ablage, die ist rot und ist für Stifte und so.	☐ Auf der Höhe von etwa 45 Zentimetern befindet sich eine rote Ablagefläche für die Kreide oder einen Schwamm, sie ist 43 Zentimeter breit und 25 Zentimeter tief.
☐ Die Tafel ist ziemlich gut für kleine Kinder, für mich aber nicht.	☐ Diese Schreib- und Maltafel scheint besonders für Kinder im Vor- und Grundschulalter geeignet zu sein.

WISSEN+

Zahlen, Maße und Gewichte

Zahlen bis zwölf werden im laufenden Text in der Regel ausgeschrieben. Das gilt auch für Maßeinheiten.	Er hat sieben Geschwister und 13 Nichten und Neffen. – Der Garten ist sieben Meter lang und 13 Meter breit.
Tauchen – etwa in einer Beschreibung – eine Fülle von Maß- und Gewichtsangaben auf, können die Maßzahlen als Ziffern und die Maßeinheiten als Abkürzung geschrieben werden. (Falsch ist nur die Kombination von ausgeschriebener Maßzahl und abgekürzter Maßeinheit.)	Die neue Garage ist 7 m lang, 2,5 m hoch und 3 m breit. *Oder:* Die neue Garage ist 7 Meter lang, 2,5 Meter hoch und 3 Meter breit.

ÜBUNG 5 **Formuliere aus den folgenden Stichworten jeweils einen Satz. Benutze dein Übungsheft.**

1. reguläres Fußballfeld, 105 m lang, 75 m breit
2. Opa Hermann, 2 Söhne, 3 Töchter, 14 Enkelkinder
3. mein Geburtstag, 4 Torten, 7 Gäste

ÜBUNG 6 **Beschreibe den abgebildeten Gegenstand. Halte die vorgegebenen Arbeitsschritte genau ein.**

a) Beantworte folgende Fragen:

verstellbarer Leuchtenkopf, lackiertes Metall; Durchmesser Fuß: ca. 20 cm, Höhe Fuß: ca. 3 cm; Arm: ca. 40 cm; Leuchtenkopf: ca. 15 cm

1. Wie heißt der Gegenstand?
2. Aus welchem Material ist er?
3. Welche Farbe hat er?
4. Welche besonderen Eigenschaften hat er?
5. Wozu wird der Gegenstand gebraucht?

b) Beschreibe jetzt genauer:

1. den Fuß der Lampe

   Form: Größe:

2. den Arm, der den Leuchtenkopf trägt, sowie Länge und Besonderheit der einzelnen Teile

3. den Leuchtenkopf

   Form:

   Größe:

c) Schreibe jetzt die Gegenstandsbeschreibung in ganzen Sätzen in dein Übungsheft.

ÜBEN

2.2 Personenbeschreibung

Bei der **Personenbeschreibung** gibst du die sichtbaren Merkmale eines Menschen sachlich und anschaulich wieder.	 fröhlicher Gesichtsausdruck; Jeans und Shirt; das Mädchen macht einen ausgelassenen Eindruck
Fasse zunächst folgende Angaben zu der Person, die du beschreiben willst, zusammen: ■ Geschlecht, ■ Alter und ■ Größe.	Mädchen etwa 9 Jahre alt etwa 1,30 Meter
Danach benennst du besonders **auffällige Merkmale** der Person: ■ Kopfform, Gesicht, Frisur (1); ■ Körperbau *(schlank, kräftig, dick)* und Haltung (2): Ist ein Körperteil besonders auffällig? Wie ist die Haltung? ■ Kleidung (3) *(sportlich, elegant; Arbeitskleidung, Uniform):* Wie ist die Farbgestaltung der Kleidungsstücke? Ist die Kleidung aus einem außergewöhnlichen Material hergestellt?	(1) leicht gebräuntes Gesicht – braune Augen – dunkelblondes, schulterlanges, in der Mitte gescheiteltes Haar (2) laufende Körperhaltung – schlank – die linke Hand ist auf dem Foto durch die Bewegung verwackelt (3) rotes Langarmshirt mit Aufdruck – blaue Jeans mit roten Aufsätzen – dunkelgraue, feste Schuhe
Auch die Personenbeschreibung musst du in einer **sachlichen und klaren Sprache** verfassen. Wähle treffende Adjektive und beschreibe nicht jedes einzelne Detail, sondern beschränke dich auf **charakteristische Merkmale.**	fröhlicher Gesichtsausdruck robuste Spielkleidung
Aus der Fülle der Einzelinformationen soll am Ende ein Bild entstehen. Im Schlusssatz formulierst du daher den **Gesamteindruck** von der beschriebenen Person.	Das Mädchen macht einen ausgelassenen Eindruck.

ÜBUNG 7 **Bilde jeweils aus einem Satzanfang und den Angaben zur Person einen Einleitungssatz; benutze dazu dein Übungsheft.**

Vor mir liegt ein Bild, auf dem ...
Auf dem Bild ist ...
Auf dem vor mir liegenden Bild sehe ich ...
Im Folgenden beschreibe ich ...

Bild 1 Frau um die 45 Jahre, greift nach einem Schrankgriff

Bild 2 Frau, etwa 35 Jahre, in Sommerkleidung, auf dem Rasen stehend

Bild 3 Stehender Mann, etwa 30 Jahre, trägt Wanderbekleidung

Bild 4 Junge, etwa 12 Jahre, trägt buntes Ringel-T-Shirt und Jeans

ÜBUNG 8 **Ordne die folgenden Informationen den Bildern aus Übung 7 zu.**

❶ ein wenig lächelnd – ❷ kurze, dunkelblonde Haare – ❸ weißes Shirt ohne Ärmel mit V-Ausschnitt – ❹ runder, heller Hut aus Pflanzenfasern – ❺ langer, grauschwarzer Rock – ❻ weiße, elegante Bluse – ❼ Stupsnase – ❽ blauer Wanderanorak – ❾ hält mit beiden Händen die Lederschlaufen an den Gurten eines Rucksacks – ❿ ¾-lange dunkle Hose, hellbeige Sportschuhe mit roten Streifen – ⓫ am linken Arm eine Armbanduhr – ⓬ streichelt den Kopf eines Pferdes – ⓭ freundlich lächelnd – ⓮ trägt eine dunkle Jeans, von der nur ein Teil sichtbar ist – ⓯ dunkle, nackenlange Haare, die ins Gesicht fallen – ⓰ blonde, nackenlange Haare

Bild 1:

Bild 2:

Bild 3:

Bild 4:

ÜBUNG 9 **Welche Informationen dürften in der Beschreibung der jeweiligen Person auf keinen Fall fehlen? Wähle jeweils die zwei wichtigsten aus und unterstreiche sie.**

Bild 1:
Blusenärmel nicht zugeknöpft – elegante Kleidung – schwarze Stiefel – ein kleines Lächeln – Körpergröße 1,64 m
Bild 2:
sommerliche Freizeitkleidung – am linken Arm eine Armbanduhr – hellbeige Sportschuhe mit roten Streifen – dunkle, nackenlange Haare, die ins Gesicht fallen
Bild 3:
dunkle Augenfarbe – weißes T-Shirt – trägt großen, rotbraunen Rucksack mit Metallgestell – blauer Wanderanorak – dunkle Jeans

ÜBUNG 10 **Welche Aussage gibt die allgemeine Erscheinung der Personen am besten wieder? Kreuze an!**

Bild 1	**Bild 2**	**Bild 3**
☐ Lehrerin im Lehrerzimmer	☐ junge, sportliche Frau	☐ bunt gekleideter Typ
☐ elegante Dame	☐ Frau auf einem Bauernhof	☐ junger Mann auf Wanderung
☐ Frau in Winterkleidung	☐ Frau im Sommerurlaub	☐ Mann in der freien Natur

WISSEN

Achte bei deiner Beschreibung darauf, dass dein Text sprachlich nicht zu langweilig wird. Verwende unterschiedliche Satzanfänge und vermeide Wortwiederholungen.	Dame – junge Frau – weibliche Person – sportlicher Mann – elegant gekleideter Herr – trägt bunte Kleidung – die Bluse ist kunterbunt gemustert
Gerade bei einer Personenbeschreibung ist zudem dein persönlicher Eindruck gefragt.	Ihr Lächeln wirkt, als ob sie ... Die Person wirkt auf mich ... Sie macht einen ... Eindruck Es scheint, als ob sie ...

ÜBUNG 11 **Beschreibe die abgebildete Person. Halte die vorgegebenen Arbeitsschritte genau ein. Benutze dein Übungsheft.**

a) Beantworte folgende Fragen! Betrachte dazu die Person genau; nutze auch die Informationen unter dem Bild.

13-jähriger Junge
1,60 m groß

Welches Geschlecht hat die Person?

Wie alt ist sie?

Wie groß ist sie?

Welche Frisur trägt sie?

Welche Haarfarbe hat sie?

Wie ist die Haltung?

Wie sieht das Gesicht der Person aus?

Welchen Gesichtsausdruck hat sie?

Wie ist der Körperbau?

Ist ein Körperteil besonders auffällig?

Welche Kleidung trägt sie?

b) Überlege dir den Einleitungssatz, in dem du erste Informationen zur Person gibst, und schreibe ihn auf.

c) Beschreibe jetzt genauer: Beginne mit dem Kopf, beschreibe dann den Körper und die Kleidung.

Kopf: Kopfform, Augen, Nase, Lippen, Gesichtsausdruck, Haarfarbe, Frisur
Körper: Körperbau und -haltung
Kleidung: Farben, Muster, Material

d) Formuliere am Ende der Beschreibung deinen persönlichen Gesamteindruck.

Der Junge wirkt auf mich insgesamt ...
oder:
Der Junge erinnert mich an ...

2.3 Vorgangsbeschreibung

Bei der **Vorgangsbeschreibung** informierst du über die einzelnen Handlungsschritte bei einer bestimmten Tätigkeit, sodass man diese Tätigkeit nachvollziehen kann.	Bastelanleitung – Koch- oder Backrezept – Bewegungsablauf (Sportunterricht) – Versuchsbeschreibung (Chemie- und Physikunterricht) – Spielbeschreibung
Du beginnst mit Informationen darüber, welche **Voraussetzungen** gegeben sein oder welche **Vorbereitungen** getroffen werden müssen, damit der Vorgang ablaufen kann.	Marmorkuchen backen: Rührschüssel, Schneebesen oder Rührgerät, Zutaten bereitstellen Bewegungsablauf: Kleidung, Sportgerät, Muskeln gründlich aufwärmen
Dann beschreibst du die einzelnen **Handlungsschritte** der Reihe nach: Was muss man tun? Worauf muss man besonders achten? ■ Gib exakte Informationen und klare Handlungsanweisungen. ■ Schreibe in einer einfachen und sachlichen Sprache. ■ Achte auf eine abwechslungsreiche sprachliche Gestaltung.	Zutaten abwiegen und bereitstellen: 250 g Butter 150 g Zucker 3 Eier 250 g Mehl ½ Päckchen Backpulver 2 Teelöffel Kakaopulver etwas Milch nach und nach in die Rührschüssel geben (Butter, Zucker, Eier, Mehl mit Backpulver) Teigmasse teilen, etwa der Hälfte des Teiges Kakaopulver hinzufügen
Vorgangsbeschreibungen können ganz unterschiedlich formuliert sein: ■ Ansprache mit *man*, ■ direkte Ansprache, ■ Umschreibungen.	**Man** füllt zunächst etwa die Hälfte des hellen Teigs in die Kuchenform. Füllen **Sie** zunächst etwa die Hälfte des hellen Teigs in die Kuchenform. Zunächst **wird** etwa die Hälfte des hellen Teigs in die Form **gegeben**.
Am **Ende** der Vorgangsbeschreibung steht eine kurze Information über den **Erfolg** bzw. das **Ergebnis** des Vorgangs.	Nach der Auskühlungszeit von etwa zwei Stunden werden Sie einen köstlichen Marmorkuchen genießen können.

ÜBUNG 12 **Setze in der folgenden Vorgangsbeschreibung die unterschiedlichen Satzanfänge ein.**

danach - nun - daraufhin - im Anschluss daran - zuerst - anschließend - zum Schluss

___ wird die Lampe ausgeschaltet. ___ wird die Sicherung herausgedreht bzw. ausgeschaltet, da sonst die Gefahr eines Stromschlags besteht. ___ löst man die defekte Glühlampe sehr vorsichtig durch leichte Linksdrehung aus der Fassung. ___ wird die neue Glühlampe mit einer entsprechenden Rechtsdrehung – nicht zu fest – eingeschraubt. ___ kann man die Sicherung wieder einsetzen. ___ schaltet man das Licht wieder ein, um zu prüfen, ob die neue Glühlampe in Ordnung ist. ___ wird die alte Glühlampe umweltverträglich entsorgt.

ÜBUNG 13 **Benenne jeweils den Vorgang und ergänze noch einen wichtigen Teilschritt.**

1. ___ : ins Kaufhaus gehen – Ware aussuchen – ___ – Ware einpacken und nach Hause gehen
2. ___ : CD-Player einschalten – CD einlegen – „START“ drücken – ___
3. ___ : ___ – groben Dreck abbürsten – Schuhcreme auftragen – blank bürsten
4. ___ : ins Aufgabenheft schauen – ___ – Aufsatz schreiben – Ergebnis überprüfen und (wenn nötig) verbessern

ÜBUNG 14 **Beschreibe in fünf Sätzen, wie man Bratkartoffeln zubereitet. Verwende dazu die folgenden Informationen. Achte auf unterschiedliche Satzanfänge! Benutze dein Übungsheft.**

Kartoffeln waschen, schälen und in Scheiben schneiden – 20 ml Öl erhitzen – Kartoffeln in das heiße Öl geben – nach Geschmack mit Salz, Pfeffer, Paprika würzen – goldgelb braten, dabei von Zeit zu Zeit wenden

ÜBUNG 15 **Ordne die einzelnen Schritte den Vorgängen zu und bringe sie in eine sinnvolle Reihenfolge.**

Spielbrett auf den Tisch legen - zum Automaten gehen - Tor erzielen - Ofen vorheizen - Fahrkarte entnehmen - Spielesammlung hervorholen - auf den Punkt legen - Teig rühren - Spielfiguren aufstellen - Geld einwerfen - den ersten Spielzug machen - Fahrziel aussuchen, Fahrpreis herausfinden - Form in den Ofen schieben - Zutaten einkaufen - Anlauf nehmen - Ball nehmen

1. Kuchen backen:

a) b)

c) d)

2. Halma spielen:

a) b)

c) d)

3. Elfmeter schießen:

a) b)

c) d)

4. Fahrkarte kaufen:

a) b)

c) d)

WISSEN +

Die **Gebrauchsanweisung** oder **Bedienungsanleitung** ist eine Mischung aus einer Gegenstands- und einer Vorgangsbeschreibung: Zum einen wird ein Gerät mit vielen Einzelheiten beschrieben, zum anderen wird aber auch darüber informiert, wie man mit diesem Gerät umgehen soll.

– exakte Beschreibung des Äußeren (z. B. Schalter, Anschlüsse)
– Erläuterungen zur Funktion des Geräts sowie der einzelnen Schalter usw.
– genaue Handlungsanweisungen zum Umgang mit dem Gerät
– Gefahren- und Sicherheitshinweise

ÜBUNG 16 Vervollständige die Beschreibung für das abgebildete Gerät, indem du die Wörter und Wendungen aus dem Wortspeicher einsetzt.

durch drei an der Unterseite angebrachte Rollen – auf den Bodensauger – auf der Oberseite des Saugfußes – durch einen etwa 1 m langen, biegsamen Schlauch – durch das Saugrohr und den Saugschlauch – ein Motor im Inneren des Bodengeräts – zum Tragen des Staubsaugers – Bodenstaubsauger – zum Einstellen der Saugkraft – 80 cm langen, 40 cm breiten und 30 cm hohen

Ich beschreibe einen __________. Er besteht aus einem etwa __________ blauen Bodengerät, das __________ leicht bewegt werden kann. Auf der Oberseite ist eine Saugdüse zu erkennen, die __________ mit einem etwa 80 cm langen Saugrohr verbunden ist. Am Fuß des Saugrohrs ist der Bodensauger befestigt. Dieser besteht aus einem etwa 40 cm breiten Saugfuß, in dem sich eine Bürste befindet, die durch einen Kippschalter __________ ein- oder ausgeklappt werden kann.

An der einen Seite des Bodengeräts findet sich ein in das Gehäuse integrierter Griff __________. Auf der anderen Seite sind Schalter angebracht: der Ein-/Aus-Schalter, Schalter __________ und ein Schalter zur automatischen Kabelaufrollung.

Wenn das Gerät durch das Elektrokabel mit dem Stromnetz verbunden und eingeschaltet ist, erzeugt __________ einen Sog, der über die Saugdüse sowie den Schlauch und das Rohr __________ übertragen wird. Dieser saugt dann Staub, Krümel oder sonstige kleine Schmutzpartikel auf und führt sie __________ in das Innere des Bodengeräts, wo sie in einem Staubbeutel aufgefangen werden. Die gereinigte Luft tritt durch das Gitter auf der Oberseite wieder aus.

Check-up Beschreiben

45 Minuten

AUFGABE 1 **Jeweils einer von diesen Begriffen passt nicht zu den anderen, welcher ist es? Streiche ihn durch und begründe deine Entscheidung kurz.**

1. Präsens – Einleitungssatz – Gefühle vermitteln – Schlusssatz

2. Alter – Größe – Handlungsanweisung – Geschlecht

3. Vorbereitung – Handlungsschritte – allgemeine Erscheinung – Ergebnis

4. klare, sachliche Sprache – Informationen – Spannung erzeugen – keine Wertungen

AUFGABE 2 **Im Wortspeicher findest du die einzelnen Schritte zu drei verschiedenen Vorgangsbeschreibungen. Ordne sie richtig zu.**

Reise buchen - bei der Klassenarbeit konzentriert arbeiten - Erholung pur genießen - vor großem Publikum auftreten - Grammatik pauken - riesigen Applaus ernten - mit der Bahn fahren - Gitarre stimmen - gute Note bekommen

Vorbereitung	Durchführung	Ergebnis

TESTEN

AUFGABE 3 **Die folgenden Sätze sind unterschiedlichen Beschreibungen entnommen. Wähle jeweils den besten Satz.**

1. Die dargestellte Person wirkt irgendwie komisch.
   Der abgebildete Mann trägt außergewöhnlich bunte Kleidung.
   Der Mann hat komische Sachen an.
2. Zuerst muss man ein bisschen Butter in die Pfanne tun und sie heiß machen.
   Wenn man die Butter heiß macht, muss man darauf achten, dass die Platte nicht zu heiß ist.
   Zunächst gibt man 20 Gramm Butter in die Pfanne und lässt sie bei geringer Hitze zergehen.
3. Mit dem Handy kann man alles Mögliche machen, telefonieren, fotografieren und sonst noch allerhand.
   Das Handy ist sehr vielseitig, außer als Telefon kann man es auch als Digitalkamera sowie als Notizbuch und Terminkalender nutzen.
   Das Ding ist echt super, was man damit alles machen kann!

AUFGABE 4 **Hier sind zwei Gegenstandsbeschreibungen durcheinandergeraten. Finde heraus, um welche Gegenstände es sich handelt! Unterstreiche dazu zunächst die zusammengehörigen Sätze mit der gleichen Farbe.**

Ich beschreibe jetzt mein ______________________. Vor mir liegt ein ______________________. Es ist ein flacher Gegenstand aus Holz. Er ist ein zylinderförmiger Gegenstand aus Kunststoff. Es ist 4 mm hoch, etwa 3 cm breit und etwas mehr als 20 cm lang. Er hat einen Durchmesser von etwa 1 cm und eine Länge von etwa 18 cm. An der oberen Seite hat es eine Skala, auf die im Abstand von je 1 cm etwa 9 mm lange senkrechte Striche, im Abstand von je 0,5 cm etwa 6 mm lange senkrechte Striche und im Abstand von je 1 mm etwa 3 mm lange senkrechte Striche gedruckt sind. An der einen Seite ist eine etwa 2,5 cm lange blaue Kappe auf diesen Gegenstand gesteckt, auf der anderen Seite steckt eine weiße Kappe, die in Form und Größe mit der blauen identisch ist. Außerdem sind die Zahlen von 0 bis 20 aufgedruckt. Man benutzt diesen Gegenstand zum Korrigieren von Schreibfehlern. Man benutzt diesen Gegenstand zum Abmessen kleinerer Strecken bzw. zum Ziehen gerader Linien.

Zusatzaufgabe

10 Minuten

AUFGABE 5 **Beschreibe den abgebildeten Gegenstand. Halte dich an die vorgegebenen Arbeitsschritte:**

a) Informationen sammeln, d. h. wichtige Auffälligkeiten notieren.

b) Informationen sinnvoll ordnen.

c) In ganzen Sätze beschreiben, dabei eine sachliche und eindeutige Sprache benutzen.

Höhe: ca. 1,30 m, Breite: 65 cm
Schreibfeld: 50 x 55 cm, alle Teile aus Kunststoff, höhenverstellbar

3.1 Texte verstehen – Sachtexte auswerten

Ein **Sachtext** ist ein Text, in dem es in erster Linie um die Vermittlung von Informationen geht.	*Lexikonartikel Zeitungstexte Schul- und Sachbuchtexte
Der erste Schritt zur Auswertung eines Sachtextes ist das **gründliche Lesen**.	**Halma** [gr. Sprung], ein seit dem Altertum bekanntes Brettspiel für zwei oder vier Spieler, das mit 2 x 19 oder 4 x 13 Steinen auf einem rechteckigen, in 289 Felder geteilten Brett gespielt wird; Ziel des Spiels ist es, möglichst schnell den Eckhof des Gegners zu besetzen.
Danach musst du – insbesondere bei Lexikonartikeln – die **Abkürzungen** auflösen.	gr. = griechisch
Fremdwörter und **unbekannte Begriffe** klärst du mithilfe anderer Nachschlagewerke.	Altertum: früheste geschichtliche Zeit der Griechen und der Römer, ab etwa 1000 v. Chr. Eckhof: die Ecke des Spielbretts, in der zu Beginn des Spiels alle Spielfiguren einer Spielerin / eines Spielers stehen
Versuche dann herauszufinden, welche **Informationen** unbedingt notwendig sind, um den Text zu verstehen bzw. den Zusammenhang zu durchschauen.	Brettspiel für zwei bis vier Spieler, es wird mit Spielfiguren gespielt, es dreht sich um Sprünge der Spielfiguren.
Präge dir nun die zentralen Begriffe des Textes – **Schlüsselwörter** – ein. Später solltest du in der Lage sein, den Inhalt des Textes nur anhand der Schlüsselwörter mit eigenen Worten wiederzugeben.	Sprung – Brettspiel – zwei bis vier Spieler – Ecke des Gegenspielers

ÜBUNG 1 **Lies den folgenden Text und beantworte die Fragen.**

Ziegen

Ziegen sind schlanker und beweglicher als ihre nächsten Verwandten, die Schafe. Sie haben Hufe und Hörner. Das Männchen erkennt man an seinem Bart und daran, dass es recht unangenehm riecht. Wildziegen leben heute noch in den Gebirgen des Mittleren Ostens und Zentralasiens. Von ihnen stammt die Hausziege ab. Ziegen sind neben den Schafen die ältesten Haustiere. Die Ziege liefert uns vor allem Milch, Fleisch, Häute und Wolle. Die Angoraziege ist berühmt für ihr weiches, sehr warmes Fell, aus dem Wolle gemacht wird. Zu den Ziegen gehört auch der Steinbock.

1. Wer sind die nächsten Verwandten der Ziegen?
2. Woran erkennt man das Männchen?
3. Wo leben heute noch Wildziegen?
4. Von wem stammt die Hausziege ab?
5. Wofür ist die Angoraziege berühmt?
6. Welches Tier gehört zur Gattung der Ziegen?

ÜBUNG 2 **Löse die Sonderzeichen und Abkürzungen aus den folgenden Lexikonbeiträgen auf.**

Madrid
Hpst. Spaniens am Manzaneres, 3,2 Mio. E., erstmals im 8. Jh. genannt

Kästner, Erich
* 23.2.1899, † 29.7.1974, dt. Schriftsteller, u.a. humorv. Kinderbücher

Märchen
fantast. Erz., in der die Grenzen zw. der Wirkl. und dem Wunderbaren aufgehoben sind

Hpst.:		* :		fantast.:	
Mio.:		† :		Erz.:	
E.:		dt.:		zw.:	
Jh.:		humorv.:		Wirkl.:	

ÜBUNG 3 **Schlage in einem Fremdwörterbuch oder einem Lexikon (z. B. Duden oder Brockhaus) nach, was die rot hervorgehobenen Begriffe bedeuten.**

Kreuzzüge

Während der Kreuzzüge kämpften die Christen gegen die Moslems um das Heilige Land Palästina. Im Jahr 1071 hatten muslimische Türken Jerusalem erobert und den Christen den Besuch der heiligen Stätten, wo Jesus gelebt hatte, verboten. Die christlichen Herrscher in Europa wollten dies nicht dulden. Einige Jahre später organisierten sie den ersten Kreuzzug zur Rückeroberung Jerusalems. Durch die Kreuzzüge lernten die Europäer den Orient kennen. Sie erfuhren, dass die Araber viel mehr als sie selbst über Medizin, Mathematik und Astronomie wussten.

Moslem:

Palästina:

organisieren:

Orient:

ÜBUNG 4 **Unterscheide im folgenden Text wesentliche von weniger wichtigen Informationen. Unterstreiche die beiden wichtigsten Sätze.**

Katzen

Die Katzen oder Raubkatzen umfassen ungefähr 40 Arten aus der Gruppe der Raubtiere. Sie alle haben einen kurzen, runden Kopf mit langen Schnurrhaaren und scharfen Eckzähnen. Ihre Krallen können sie im Gegensatz zu den Hunden einziehen, sodass man ihren Gang fast nicht hört. Die meisten Katzen schleichen sich an ihre Beute heran. Die europäische Wildkatze unterscheidet sich besonders durch ihre Größe von der Hauskatze, die von der afrikanischen Falbkatze abstammt. Zu den Katzen zählt der Zoologe auch den Luchs, den Puma, vor allem aber Leopard, Jaguar, Tiger und Löwe.

ÜBUNG 5 **Lies den folgenden Text gründlich und entscheide, ob die Aussagen richtig oder falsch sind.**

Kelten

Vor über zweitausend Jahren lebte der Volksstamm der Kelten in Großbritannien und Frankreich, in Teilen Spaniens und Deutschlands. Die alten Römer nannten sie Gallier, das bedeutet Kämpfer. Die Kelten lebten in Stämmen, an deren Spitze ein Häuptling stand. Das Volk war in Adlige, Freie und Sklaven gegliedert. Die Stämme führten untereinander häufig Krieg. Die Kelten waren gute Schmiede und schmückten ihre Waffen und Rüstungen mit eigentümlichen Mustern. Ihre Priester hießen Druiden.

Als die Römer vorrückten, zogen sich viele Kelten in weit entfernte Winkel zurück. Nur dort konnten sich ihre Lebensweise und Sprache behaupten, während sie in anderen Gebieten völlig untergingen. Noch heute wird in Europa etwas Keltisch gesprochen: Das Gälische in Irland und Schottland, das Walisische in England und das Bretonische in Nordfrankreich.

	richtig	falsch
1. Die Kelten lebten in Südeuropa, vor allem in Italien und Kroatien.		
2. Das Wort Gallier bedeutet Schläger.		
3. An der Spitze der Kelten stand der König.		
4. Die Priester des Königs hießen Druiden.		
5. Die Goldschmiede der Kelten kannten außergewöhnliche Muster.		
6. Die Kultur der Kelten vermischte sich mit der Kultur der Römer.		
7. In verschiedenen Ländern – z. B. Schottland und Wales – wird noch heute eine dem Keltischen verwandte Sprache gesprochen.		

ÜBUNG 6 **Markiere im folgenden Text die sechs wichtigsten Begriffe – die Schlüsselwörter.**

Breitengrad

Jeder Ort auf der Erde liegt auf einem bestimmten geografischen Breiten- und Längengrad. Mit diesen beiden Zahlenangaben kann man die Lage eines Ortes eindeutig bestimmen. Die Breitengrade geben an, wie weit ein Ort vom Äquator entfernt ist. Diese Entfernung wird in Grad angegeben. Der Äquator liegt dabei auf null Grad. Er unterteilt damit die Erde in eine südliche und eine nördliche Halbkugel. Der Nordpol liegt auf 90° nördlicher Breite, der Südpol auf 90° südlicher Breite. Deutschland liegt ungefähr zwischen dem 47. und 55. Breitengrad.

ÜBUNG 7 **Schreibe jetzt die Schlüsselwörter in dein Übungsheft. Schließe dann das Buch und versuche, die wesentlichen Informationen nur anhand deines Übungshefts aufzuschreiben oder jemandem mündlich vorzutragen.**

ÜBUNG 8 **Beim folgenden Text sind der Druckerei einzelne Fehler unterlaufen. Finde die Fehler heraus und berichtige mithilfe der Wörter aus dem Wortspeicher.**

die Sonne - 365 Tage - Vierteltage - Schalttag - Schaltjahr - 29. Februar - Länge - Nil

Das Jahr entspricht der Zeit, welche die Erde braucht, um sich einmal um den Mond zu drehen. Ein Jahr umfasst genau 370 Tage und sechs Stunden. Unser normales Jahr ist aber nur 365 Tage lang. Alle vier Jahre fassen wir die Viertelstunden zu einem Schaltertag zusammen. Ein solches Schalterjahr hat dann 366 Tage. Darum gibt es nur alle vier Jahre einen 24. Dezember. Als Erste bestimmten übrigens die Ägypter die Höhe des Jahres. Sie bemerkten, dass der Rhein stets die Ufer überflutete, wenn der hellste Stern des Himmels, der Sirius, kurz vor Sonnenaufgang sichtbar wurde. Sie zählten die Tage zwischen zwei solchen Ereignissen und kamen genau auf 365.

3.2 Texte verstehen – Geschichten nacherzählen

In einer **Nacherzählung** gibst du eine vorgegebene Geschichte mit eigenen Worten wieder. Die Grundidee, die Personen, der Handlungsablauf und das Ergebnis müssen mit der Vorlage **übereinstimmen**. Höre also gut zu bzw. lies den Text gründlich.	Rotkäppchen
Eine Nacherzählung ist **kürzer** als die vorgegebene Geschichte, daher musst du Wichtiges von weniger Wichtigem unterscheiden: ■ Wer handelt? (1) ■ Was geschieht? (2)	(1) Mutter, Mädchen, Wolf, Großmutter, Jäger (2) kleines Mädchen wird von ihrer Mutter durch den dunklen Wald geschickt, um der Großmutter etwas zu essen zu bringen; sie trifft auf den Wolf und erzählt ihm von ihrer Großmutter; Wolf eilt zur Großmutter und verschlingt sie und später auch das kleine Mädchen; Jäger kann das Mädchen und die Großmutter wieder befreien
Welche besonderen **Eigenschaften** haben die Handelnden? (1) Welche der einzelnen **Handlungsschritte** sind besonders wichtig? (2)	(1) Mädchen trägt „Käppchen aus rotem Sammet", wird daher Rotkäppchen genannt (2) fürchtet sich zunächst nicht vor dem bösen Wolf und erzählt ihm gutgläubig, dass die Oma krank ist und wo genau sie wohnt
Darüber hinaus musst du auch die **Stimmung** und die Atmosphäre vermitteln.	Arglosigkeit Rotkäppchens – Bedrohung durch den bösen Wolf – Freude über die gelungene Rettung
Die Nacherzählung soll unterhaltsam sein: ■ Wähle eine **anschauliche und lebendige Sprache**: ausdrucksstarke Adjektive, treffende Verben, wörtliche Rede. ■ Achte auf eine **abwechslungsreiche Wortwahl**, vor allem bei den Satzanfängen (↑ S. 9). ■ Besonders wichtige Aussagen kannst du **wörtlich** übernehmen.	ein unbekümmertes, fröhliches Mädchen – ein dunkler, unheimlicher Wald – ein schrecklicher, hinterlistiger Bösewicht – Rotkäppchen war sehr erschrocken – der Jäger wurde stutzig – Rotkäppchen, die Großmutter und der Jäger tanzten und jubelten vor Freude – „Was hast du für große Ohren?" – „Dass ich dich besser fressen kann!"
Auch eine Nacherzählung wird im **Präteritum** verfasst. Greifst du auf etwas zurück, das vorher war, benutzt du das **Plusquamperfekt** (↑ Kap. 1.1).	Alle drei **waren** fröhlich, nachdem der Jäger Rotkäppchen und die Großmutter aus dem Bauch des Wolfs **befreit hatte**.

WISSEN

ÜBUNG 9 **Lies den folgenden Textauszug aus dem Roman „Robinson Crusoe“ von Daniel Defoe gründlich.**

Vorgeschichte:
Robinson Crusoe ist aus seinem Elternhaus aufgebrochen und hat auf einem Schiff angeheuert. Bereits auf der ersten Fahrt erleidet er Schiffbruch.

Am sechsten Tage unserer Fahrt gelangten wir auf die Reede von Yarmouth. Der Wind war uns entgegen und das Wetter ruhig gewesen, und so hatten wir nur eine geringe Strecke zurückgelegt. Dort sahen wir uns genötigt, vor Anker zu gehen, und lagen, weil der Wind ungünstig blies, sieben oder acht Tage daselbst. Unterdessen erhob sich ein wahrhaft fürchterlicher Sturm, und jetzt sah ich zum ersten Mal Angst und Bestürzung auch in den Mienen unserer Seeleute. Ich hörte den Kapitän, der mit aller Aufmerksamkeit und Wachsamkeit auf die Erhaltung des Schiffes bedacht war, mehrmals, während er neben mir zu seiner Kajüte hinein- und herausging, leise vor sich hin sagen: „Gott sei uns gnädig! Wir sind alle verloren!“

Zwei Schiffe, die in unserer Nähe vor Anker lagen, hatten, weil sie zu schwer beladen waren, ihre Mastbäume kappen und über Bord werfen müssen, und unsere Leute riefen einander zu, dass ein Schiff, welches etwa eine halbe Stunde vor uns ankerte, gesunken sei. Zwei andere Schiffe, deren Anker nachgegeben hatten, waren von der Reede auf die See getrieben und, aller Masten beraubt, jeder Gefahr preisgegeben.

Um unsere Not vollzumachen, rief mitten in der Nacht ein Matrose, der den Auftrag hatte, den Schiffsraum zu untersuchen, das Schiff sei leck und habe schon vier Fuß Wasser geschöpft. Sogleich wurde jedermann an die Pumpen gerufen. Bei diesem Ruf glaubte ich, mein Herz erstarre in der Brust. Ich fiel rücklings neben mein Bett; die Bootsleute aber rüttelten mich auf und sagten: Wenn ich auch zu sonst nichts nütze sei, zum Pumpen tauge ich doch so gut wie jeder andere.

Wir arbeiteten wacker fort, aber das Wasser stieg im Schiffsraum immer höher, und das Schiff begann augenscheinlich zu sinken.

Der Kapitän ließ deshalb fortwährend Notschüsse abfeuern. Endlich wagte ein leichtes Schiff, das gerade vor uns vor Anker lag, ein Hilfsboot auszusenden. Mit äußerster Gefahr nahte sich uns dasselbe. Endlich kamen die Matrosen durch energisches Rudern und mit Lebensgefahr uns so nahe, dass unsere Leute ihnen vom Hinterteil des Schiffes ein Tau mit einer Boje zuwerfen konnten.

Als sie unter großer Mühe und Not des Seils habhaft geworden, zogen sie sich damit dicht an den Stern unseres Fahrzeuges heran, worauf wir uns dann sämtlich in das ihrige begaben.

Noch keine Viertelstunde hatten wir unser Schiff verlassen, als wir es schon untergehen sahen. Jetzt begriff ich, was es heißt, wenn ein Schiff in See leck wird. Ich gestehe, dass ich kaum den Mut hatte, hinzusehen.

ÜBUNG 10 **Was bedeuten folgende Wörter und Wendungen? Wenn du es nicht weißt, schlage im Wörterbuch nach. Schreibe in dein Übungsheft.**

1. Reede
2. vor Anker gehen
3. die Miene
4. Kajüte
5. Mastbäume kappen
6. leck
7. rücklings
8. wacker
9. Tau mit einer Boje
10. des Seils habhaft werden

ÜBUNG 11 **Schreibe das Wichtigste dieses Textauszugs heraus, indem du die folgenden Sätze vervollständigst.**

alle Matrosen – Kapitän – unterging – das eindringende Wasser – ein Hilfsboot – ihren Segelmast abschneiden mussten – nur kurze Zeit – gesamten Mannschaft des Schiffs – schlug leck – durch energisches Rudern – sank – ziellos auf dem Meer herumtrieben

Der Sturm war so schlimm, dass zwei Schiffe ______ ______, ein weiteres Schiff ______ und zwei weitere Schiffe ______ ______. Das Schiff Robinson Crusoes ______, ______ wurden an Deck gerufen, um dort ______ abzupumpen. Der ______ ließ Notschüsse abgeben, ein anderes Schiff sandte ______ aus, es kam ______ bis an das Schiff Robinson Crusoes heran. Robinson konnte sich mit der ______ retten, er sah ______, nachdem er das Schiff verlassen hatte, dass es ______.

ÜBUNG 12 **Verbessere den folgenden Text: Setze zunächst unterschiedliche Satzanfänge ein. Schreibe in dein Übungsheft.**

Zuerst liegt das Schiff an einem Ankerplatz. Dann kommt ein Sturm auf. Dann werden mehrere andere Schiffe beschädigt. Dann schlägt auch das Schiff von Robinson Crusoe leck. Dann werden alle Matrosen an die Pumpen gerufen und sie müssen das Wasser aus dem Schiff pumpen. Dann lässt der Kapitän Notschüsse abfeuern. Dann kommt ein Hilfsboot, das die Mannschaft des Schiffes aufnimmt. Dann sinkt das Schiff, auf dem Robinson sich vorher befunden hatte.

ÜBUNG 13 **Versuche, die auf dem Schiff herrschende Stimmung anschaulich und lebendig zu vermitteln. Wähle treffende Adjektive und Sprachbilder.**

1. Der Sturm tobte
   - a) sehr stark.
   - b) wie ein wild gewordenes Tier.
   - c) und fegte über die Köpfe hinweg.
2. Der Kapitän und die Matrosen
   - a) lachten nervös.
   - b) waren auf das Schlimmste gefasst.
   - c) arbeiteten ruhig und besonnen.
3. Die Arbeit an der Pumpe
   - a) war kein Kinderspiel.
   - b) konnte von jedermann erledigt werden.
   - c) forderte seine ganze Kraft.
4. Das Hilfsboot erschien
   - a) als Rettung in letzter Minute.
   - b) und sie konnten einsteigen.
   - c) und da waren alle glücklich.
5. Robinson ging
   - a) erleichtert
   - b) mit schwankenden Knien
   - c) erschöpft, aber glücklich an Land.

ÜBUNG 14 **Schreibe jetzt eine eigene Nacherzählung dieses Textauszugs in dein Übungsheft.**

3.3 Gedichte, Dialoge und Szenen, Märchen und Fabeln selbst schreiben

Beim kreativen Schreiben musst du neben dem Thema, das für den Aufsatz ausgewählt ist, auch die Form des zu schreibenden Textes beachten.	Gedichte Dialogtexte Fabeln Märchen
Gedichte werden in Versen geschrieben, diese werden zu Strophen zusammengefasst. Am Ende der Verse stehen häufig Wörter, die sich reimen, d. h. deren letzte Silbe(n) gleich klingen. Darüber hinaus werden in Gedichten oft **Sprachbilder** verwendet, deren genaue Bedeutung man erst herausfinden muss.	Hat der alte Hexen**meister** sich doch einmal wegbe***geben***! Und nun sollen seine **Geister** auch nach meinem Willen ***leben***. Seine Wort und **Werke** merkt' ich und den ***Brauch***, und mit Geistes**stärke** tu ich Wunder ***auch***. (Goethe)
Kleine Szenen, Theaterstücke oder Rollenspiele sind **Dialogtexte**. Im Mittelpunkt solcher Texte steht die Unterhaltung von zwei oder mehreren Figuren oder Personen. Durch so genannte **Regieanweisungen** kann man auch angeben, wie diese Szenen genau gespielt werden sollen, wie das Bühnenbild aussehen soll usw.	Gast *(verärgert):* Warum ist das Weinglas, das Sie mir gebracht haben, leer? Ober *(freundlich lächelnd):* Hatten Sie nicht trockenen Wein bestellt?
Die **Fabel** ist eine im Allgemeinen recht kurze Form eines erzählenden Textes. Sie wird häufig genutzt, um den Zuhörern oder Lesern eine Lehre zu vermitteln. Ein weiteres besonderes Merkmal ist, dass häufig Tiere auftauchen, die sprechen können.	Ein hungriger Fuchs sah ein paar Trauben an einer Rebe. Der Fuchs sprang, so hoch er konnte, aber die Trauben hingen außerhalb seiner Reichweite. Deshalb gab er seine Bemühungen auf und bemerkte: „Ich hatte geglaubt, die Trauben seien reif, doch nun sehe ich, sie sind ja noch ganz grün."
Eine weitere sehr bekannte Form eines Erzähltextes ist das **Märchen**. In ihm wird einem besonders mutigen Helden häufig eine Aufgabe gestellt, die er lösen muss, um eine große Belohnung zu erhalten. Zur Lösung dieser Aufgabe helfen dem Helden oft übernatürliche eigene Kräfte oder übernatürliche Wesen.	Es war einmal ein Königssohn, der eine Prinzessin heiraten wollte. Er bekam vom König die Aufgabe, ein Einhorn zu fangen. So ging er in den Wald und flötete eine sonderbare Melodie. Das Einhorn kam, ließ sich verzaubern und einfangen. Als der Königssohn mit dem Tier zum Schloss kam, gab ihm der König die Prinzessin zur Frau.

ÜBUNG 15 **Suche zu den folgenden Wörtern passende Reimwörter.**

Leben	Wellen	sagen	reisen	auch

ÜBUNG 16 **Die folgenden beiden Texte von Eduard Mörike sind Gedichte, die aber nicht in der richtigen Form stehen. Bringe sie in Versform, benutze dazu dein Übungsheft.**

Frühling lässt sein blaues Band wieder flattern durch die Lüfte; süße, wohlbekannte Düfte streifen ahnungsvoll das Land. Veilchen träumen schon, wollen balde kommen. – Horch, von fern ein leiser Harfenton! Frühling, ja du bist's! Dich hab ich vernommen!

Im Nebel ruhet noch die Welt, noch träumen Wald und Wiesen: Bald siehst du, wie der Schleier fällt, den blauen Himmel unverstellt, herbstkräftig die gedämpfte Welt in warmem Golde fließen.

ÜBUNG 17 **Schreibe einen kurzen Dialog zu folgender Situation in dein Übungsheft.**

Eine Familie, Mutter, Vater und drei Kinder – Pia, Yanik und Angie – streiten sich darum, was es am kommenden Sonntag zu essen geben soll. Yanik möchte gern Hähnchen haben, weil er das mit den Fingern essen kann. Angie würde gern fein ausgehen zum Essen, sie schlägt ein italienisches Restaurant vor. Pia will am liebsten Pommes. Deshalb schlägt ihr der Vater vor, in die Pommesbude zu gehen. Diese Idee findet die Mutter aber überhaupt nicht gut, sie will nicht im Stehen essen, sondern eine gemütliche Mahlzeit im Kreise der Familie.

WISSEN +

Märchen

Im Hauptteil von Märchen findet sich oft eine **Dreigliederung**. In jedem der drei Abschnitte tauchen gleiche oder sehr ähnliche Motive auf. Die Spannung wird aber von Abschnitt zu Abschnitt gesteigert.

- drei verschiedene Helden, die versuchen, eine Aufgabe zu lösen
- drei Versuche, eine Aufgabe zu lösen
- drei schwieriger werdende Teilaufgaben

ÜBUNG 18 **Setze in den Dialog zwischen Rotkäppchen und dem bösen Wolf die passenden Regieanweisungen ein.**

1 besorgt um die Großmutter – 2 in sehr freundlichem Ton – 3 geht fröhlich pfeifend weiter – 4 tut so, als hätte er Mitleid – 5 grinst frech und sagt dann – 6 noch etwas misstrauisch – 7 neugierig – 8 erleichtert darüber, dass sie bald an ihrem Ziel ist

	Nr.	
Wolf		Guten Tag, Rotkäppchen! Wohin so früh des Weges so ganz allein?
Rotkäppchen		Guten Morgen, Herr Wolf! Ich gehe zur Großmutter.
Wolf		Was trägst du denn unter deiner Schürze?
Rotkäppchen		Kuchen und Wein. Meine Großmutter ist alt und krank, ich will ihr eine Freude machen.
Wolf		Ist der Weg zur Großmutter denn noch weit?
Rotkäppchen		Nein, nur noch einige Minuten und ich bin bei ihr! Am Platz unter den großen Eichbäumen an den Nusshecken, dort ist das Haus.
Wolf		Dann auf Wiedersehen und einen lieben Gruß an die Großmutter, auf dass es ihr bald wieder besser geht!
Rotkäppchen		Auf Wiedersehen!

ÜBUNG 19 **Verwende den Märchenbaukasten und schreibe selbst ein kleines Märchen: Beginne mit „Es war einmal …“, gestalte den Hauptteil in drei Abschnitten, in denen die Spannung gesteigert wird, und schließe mit „… und wenn sie nicht gestorben sind, leben sie noch heute!“**

Held / Heldin	Aufgabe	Umgebung	Zaubergegenstand
ein kleiner Hirtenjunge	einen großen Schatz finden	Zauberwald	goldener Schlüssel
ein Bauerntölpel	einen verzauberten Prinzen erlösen	verschlafenes Dorf	Silberglöckchen
eine Viehmagd	ein Ungeheuer bekämpfen	Traumschloss	Wunderlupe

ÜBEN

Check-up Umgang mit Texten

45 Minuten

AUFGABE 1 **Setze in den folgenden Versen die passenden Reimwörter ein.**

Sei mir gegrüßt, du lieber ______ ,
Mit Laub und Blüten mancherlei!
Seid mir gegrüßt, ihr lieben ______ ,
Vom Morgensonnenstrahl beschienen!
Wie fliegt ihr munter ein und aus
In Imker Dralles ______ !
Und seid zu dieser ______
So früh schon voller Tätigkeit.

Fliege, liebe Biene, fliege
Über Berg und ______
Auf die Blumen hin und ______
Dich im Sonnenstrahl!
Kehre wieder, kehre wieder,
Wenn die Kelche zu;
Leg die süße Bürde ______
Und geh auch zur ______ !

AUFGABE 2 **Lies den Text und beantworte anschließend die Fragen.**

Die Knochen bilden zusammen mit dem Knorpel das Skelett der Wirbeltiere und des Menschen. Knochen besteht aus lebendigem Gewebe und Knochenzellen, in die das Salz Kalziumphosphat eingelagert ist. Eiweißfasern sorgen für eine gewisse Biegsamkeit des Knochens. Bei Kindern ist die Elastizität am größten, bei älteren Menschen am geringsten. Wenn ein Knochen bricht, wächst er wieder zusammen, sofern er richtig zusammengefügt wird. Nach ihrer Form unterscheidet man vor allem die Röhrenknochen von den Plattenknochen. Im Inneren der Röhrenknochen befindet sich das lebenswichtige Knochenmark, das rote Blutkörperchen herstellt.

1. Wofür sorgen die Eiweißfasern in den Knochen?
   - a) für die richtige Versorgung der Knochen
   - b) für die Biegsamkeit der Knochen
   - c) für die weiße Farbe in den Knochen
2. Wann wächst ein Knochen wieder richtig zusammen?
   - a) wenn der Gips richtig sitzt
   - b) wenn er schnell zusammengesetzt wird
   - c) wenn er richtig zusammengefügt ist
3. In welchen Knochen werden die roten Blutkörperchen hergestellt?
   - a) in den Röhrenknochen
   - b) in den Plattenknochen
   - c) in den Markknochen

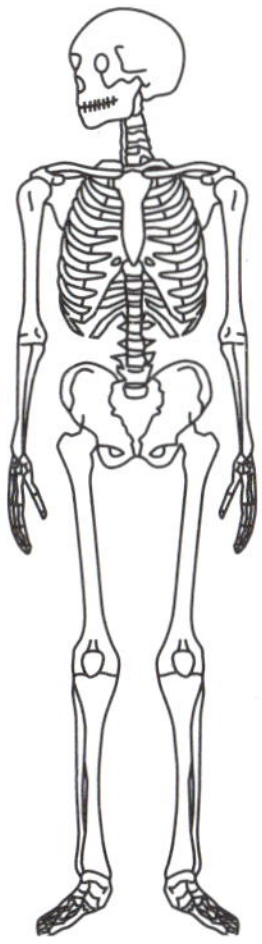

TESTEN

AUFGABE 3 **Die Lehrerin erzählt ein Märchen. Schreibe die mündliche Nacherzählung um: Verbessere die Satzanfänge und wandle die Perfektformen ins Präteritum um (↑ Kap 4.3). Benutze dein Übungsheft.**

Im Mittelalter hat ein armes Mädchen gelebt, das seine Eltern verloren hatte. Es hat sich deshalb auf den Weg zu seiner Oma gemacht. Auf seinem Weg hat es einen armen Mann getroffen, der es gebeten hat, ihm sein Brot zu geben, weil er so großen Hunger hatte. Dann hat es eine alte Frau getroffen, der es sein Kopftuch gegeben hat, weil sie so kalte Ohren hatte. Dann hat es ein Kind getroffen, dem es sein Kleidchen gegeben hat, weil dieses keines hatte. Nun hat das arme Mädchen nichts anderes als sein Hemdchen noch getragen. So ist es am späten Abend noch unterwegs gewesen, als plötzlich vom Himmel goldene Sterntaler gefallen sind, die es mit seinem Hemdchen aufgesammelt hat. So hat es mit seiner Oma noch viele Jahre glücklich gelebt.

AUFGABE 4 **Ordne die folgenden Begriffe und Wendungen den richtigen Textsorten zu und trage sie in die Tabelle ein.**

Rollenspiel - Strophen - Abkürzungen auflösen - Kostüme - Schlüsselwörter herausschreiben - klare, sachliche Sprache - bildliche Sprache - sprechende Tiere - wunderbare Fähigkeiten - knapper Text - Reimwörter - recht kurzer Erzähltext - Regieanweisungen - große Belohnung - Lehre vermitteln - Fuchs - Fremdwörter nachschlagen - Prinzessin - Verse - drei Wünsche freihaben - Informationen - Szene - große Aufgabe - Bühnenbild - gleich klingende Schlusssilbe

Sachtext:	
Gedicht:	
Dialogtext:	
Märchen:	
Fabel:	

TESTEN

4.1 Substantive, Artikel und Pronomen

Substantive (Nomen) bezeichnen ■ Lebewesen, ■ Dinge, ■ Begriffe. Substantive werden immer **großgeschrieben**.	*Menschen:* **S**chwester – **P**olizist – **A**nna *Pflanzen:* **B**aum – **R**ose – **S**alat – **S**trauch *Tiere:* **E**ichhörnchen – **F**isch – **A**dler *Dinge:* **M**alkasten – **S**traße – **H**aus *Gefühle:* **F**reude – **Ä**rger – **G**lück *Vorstellungen:* **W**unsch – **M**einung *Vorgänge:* **E**rlebnis – **A**benteuer – **U**nfall
Viele Substantive enden auf *-tum, -heit, -keit, -schaft, -nis, -sal, -ung* oder *-ling*.	Reich**tum** – Frei**heit** – Traurig**keit** – Freund**schaft** – Ergeb**nis** – Schick**sal** – Dreh**ung** – Lieb**ling**
Der begleitende **Artikel** kann ein bestimmter oder ein unbestimmter Artikel sein.	*bestimmter Artikel:* **der** Mann **die** Schule **das** Haus *unbestimmter Artikel:* **ein** Mann **eine** Schule **ein** Haus
Der Artikel gibt das **Genus** (grammatische Geschlecht) des Substantivs an. Man unterscheidet drei grammatische Geschlechter: ■ **Maskulinum** (männlich), ■ **Femininum** (weiblich), ■ **Neutrum** (sächlich).	 der / ein Mann die / eine Frau das / ein Kind
Das grammatische Geschlecht stimmt manchmal nicht mit dem natürlichen Geschlecht überein.	**das** Mädchen *grammatisches Geschlecht: Neutrum* *natürliches Geschlecht: Femininum*
Die Substantivendung und der begleitende Artikel zeigen den **Numerus** (Anzahl) des Substantivs an. Man unterscheidet: ■ **Singular** (Einzahl) und ■ **Plural** (Mehrzahl).	*Singular:* der / ein Hund die / eine Kuh das / ein Pferd *Plural:* die Hunde die Kühe die Pferde

Substantive verändern ihre Endungen, je nachdem, welche Rolle sie im Satz einnehmen. Diese Veränderung nennt man **Deklination** (Beugung).	Der Junge trifft den Ball. Der Ball trifft den Junge**n**.
Es gibt vier **Kasus** (Fälle), die man durch Fragen bestimmen kann: 1. Fall: **Nominativ** → *Wer oder was?* 2. Fall: **Genitiv** → *Wessen?* 3. Fall: **Dativ** → *Wem?* 4. Fall: **Akkusativ** → *Wen oder was?* Zusammen mit dem Artikel zeigt die Endung eines Substantivs den Kasus, den Numerus und das Genus an.	*Nominativ: Wer oder was tut etwas?* **Der** Junge / **Die** Tante / **Das** Kind tut etwas. *Genitiv: Wessen Eigentum ist der Ball?* Der Ball ist Eigentum **des** Junge**n** / **der** Tante / **des** Kind**es**. *Dativ: Wem leihe ich einen Bleistift?* Ich leihe **dem** Junge**n** / **der** Tante / **dem** Kind einen Bleistift. *Akkusativ: Wen oder was treffe ich?* Ich treffe **den** Junge**n** / **die** Tante / **das** Kind.
Pronomen (Fürwörter) können stellvertretend für ein Substantiv stehen. Sie werden ebenfalls dekliniert.	
Das **Personalpronomen** steht als Stellvertreter für Personen, Gegenstände, Zustände oder Sachverhalte. Man unterscheidet zwischen der 1., 2. und 3. Person im Singular und Plural.	Personalpronomen / Singular / Plural 1. Person: **ich** / **wir** 2. Person: **du** / **ihr** 3. Person: **er / sie / es** / **sie** Das Buch liegt hier. → **Es** liegt hier. Die Bücher liegen hier. → **Sie** liegen hier.
Das **Possessivpronomen** gibt ein Besitzverhältnis an (deshalb auch besitzanzeigendes Fürwort genannt) oder drückt eine Zugehörigkeit aus. Es richtet sich in seiner Form nach der Person, auf die es sich bezieht.	Possessivpronomen / Singular / Plural 1. Person: **mein/e** / **unser/e** 2. Person: **dein/e** / **euer/e** 3. Person: **sein/e**, **ihr/e** / **ihr/e** **Meine** Deutschlehrerin kann gut vorlesen. **Sein** Geld interessiert mich nicht.

WISSEN

ÜBUNG 1 **Unterstreiche die im Text verwendeten Substantive.**

Peter, Daniel und Eva besuchten gestern ihre Großmutter. Als die Klingel am Nachmittag schellte, hatte das lange Warten der Oma endlich ein Ende. Sie hatte mit viel Liebe für die Kinder einen Kuchen gebacken, ihr Haus geputzt und ihr bestes Kleid angezogen. Nun standen die drei Enkel strahlend mit ihren Geschenken vor der Tür.

ÜBUNG 2 **Schreibe die Substantive mit dem bestimmten Artikel heraus.**

ÜBUNG 3 **Unterstreiche auch hier die Substantive und schreibe sie mit dem bestimmten Artikel auf.**

DIE JUNGEN HATTEN IHR BLUMEN MITGEBRACHT; DAS MÄDCHEN HIELT IHR EIN RIESIGES PAKET ENTGEGEN. BEHUTSAM ÖFFNETE DIE ALTE DAME DAS GESCHENK – EIN BUCH ÜBER TIERE! DEN GANZEN TAG VERBRACHTEN SIE DAMIT, IN DEM INTERESSANTEN LEXIKON ZU STÖBERN.

ÜBUNG 4 **Ordne nun die Substantive der beiden Texte in die Tabelle ein.**

Lebewesen	Dinge	Begriffe

ÜBUNG 5 **Fülle die Felder aus: Dekliniere die folgenden Substantive und ergänze die fehlenden Fachbegriffe.**

		die Mutter	der Mann	das Kind
Geschlecht				
Einzahl: Singular	1.			
	2. Genitiv		des Mannes	
	3.			
	4.			
Mehrzahl:	1.			
	2.			
	3.			
	4.			

WISSEN

Substantive haben unterschiedliche Pluralendungen.

der Tisch – die Tisch**e**, das Auto – die Auto**s**, die Tasse – die Tasse**n**

Bei manchen Substantiven ändert sich im Plural nicht nur die Endung, sondern aus einem Vokal wird ein Umlaut.

die Wand – die W**ä**nd**e**
der Ton – die T**ö**n**e**
der Fuß – die F**ü**ß**e**

Es gibt auch **Ausnahmen**:
Manche Substantive haben

- nur den Singular, — der Hass – der Ärger – die Wut
- nur den Plural, — die Ferien
- unregelmäßige Pluralendungen, — die Rhythm**en**
- mehrere Pluralendungen. — der Globus – die Glob**en** / die Globu**sse**

ÜBEN

ÜBUNG 6 **Finde Beispiele für die jeweiligen Formen der Pluralbildung.**

auf *-e*	auf *-(e)n*	auf *-er*	auf *-s*	mit Umlaut	nur im Singular

ÜBUNG 7 **Bilde zu den Singularformen die passenden Pluralformen. Bedenke, dass es manchmal auch zwei Pluralformen gibt. Im Zweifelsfall solltest du im Wörterbuch, z. B. dem Duden, nachschlagen.**

die Pizza	die Pizzen	das Album	
die Figur		das Baby	
die Firma		die Drossel	
der Spaß		das Messer	
der Zwieback		die Angst	

ÜBUNG 8 **Finde die verwendeten Substantive heraus und bestimme ihr Genus sowie ihren Numerus und Kasus.**

Als die Kinder weg waren, überlegte die Großmutter, ob sie ihre Enkel beim nächsten Besuch mit einem Ausflug überraschen könnte. Da das Tierlexikon solch ein Erfolg gewesen war, beschloss sie, mit ihnen in den Zoo der Stadt zu fahren.

ÜBUNG 9 **Setze die fehlenden Pronomen ein und schreibe in Klammern, ob es sich um ein Personalpronomen (Pers.) oder um ein Possessivpronomen (Poss.) handelt.**

In dem Jugendroman „Theo haut ab“ von Peter Härtling wird erzählt, wie der zehnjährige Theo von zu Hause wegläuft. Er (Pers.) verlässt sein (Poss.) Zuhause, weil seine (Poss.) Eltern sich nicht mehr vertragen. Auch in der Schule hat er (Pers.) Probleme: Seine (Poss.) Noten sind schlecht und mit seinen (Poss.) Mitschülern versteht er (Pers.) sich auch nicht. Da denkt er (Pers.): „Ich (Pers.) hau ab! ~~Ich~~ Wir (Pers.) lernen ja doch nur Unsinn. Ihr (Pers.) könnt mich alle mal! Machts gut.“ So verlässt Theo die Stadt, aber zum Glück bleibt er (Pers.) nicht lange alleine: Er (Pers.) findet einen Freund. Gemeinsam erleben ~~er~~ sie (Pers.) viele Abenteuer und lösen auch Theos Probleme.

ÜBUNG 10 **Im folgenden Text sind die einzusetzenden Wörter im Nominativ angegeben. Setze die richtigen Formen ein und bestimme den Kasus.**

Theo wird von seinen Freunden (Dativ) (seine Freunde) nur der Komiker genannt. Besonders gut ist er im Erfinden ____________ (witzige Wörter), so hat er ____________ (seine Ohren) ____________ (der Spitzname) Windfänger gegeben. ____________ (der Hausmeister), der sich ständig über ____________ (jede Kleinigkeit) aufregt, ruft er Ratterton. Niemand ist vor ____________ (seine Späße) sicher. Er selbst hat ____________ (der Spitzname) Bims; wie er dazu gekommen ist, weiß allerdings niemand. ____________ (sein Vater) schimpft immer, dass er wegen ____________ (seine dummen Scherze) nicht ernst genommen wird und ____________ (schlechte Noten) schreibt.

4.2 Adjektive

Adjektive beschreiben die Eigenschaften oder Merkmale eines Substantivs. Sie werden immer **kleingeschrieben**.	der **große** Hund – der **rote** Ball – die **schlechte** Witterung – die **gute** Tat – der **reibungslose** Ablauf
Adjektive können als Beifügung vor einem Substantiv stehen oder zusammen mit dem Hilfsverb *sein* das Prädikat bilden.	das **schlechte** Wetter Das Wetter ist **schlecht**.
Adjektive werden wie die Substantive dekliniert, bei denen sie stehen.	der **schöne** Tag – des **schönen** Tags dem **schönen** Tag – den **schönen** Tag die **schönen** Tage – der **schönen** Tage den **schönen** Tagen – die **schönen** Tage
Adjektive können als einzige Wortart gesteigert werden. Es gibt die Grundform und zwei Steigerungsformen: ■ **Positiv** (Grundform), ■ **Komparativ**: Er wird gebildet, indem man *-er* an die Grundform anhängt; wenn in der Grundform ein *a*, *o* oder *u* vorkommt, wird daraus im Komparativ ein *ä*, *ö* oder *ü*. ■ **Superlativ**: Er wird gebildet durch das Voranstellen des Wörtchens *am* und das Anhängen von *-sten*.	*Positiv:* billig – ähnlich – schön arm – groß – klug *Komparativ:* billig**er** – ähnlich**er** – schön**er** **ä**rm**er** – gr**ö**ß**er** – kl**ü**g**er** *Superlativ:* **am** billig**sten** – **am** ähnlich**sten** – **am** schön**sten** **am** ärm**sten** – **am** größ**ten** – **am** klüg**sten**
Einige wenige Adjektive haben unregelmäßige Steigerungsformen, die man auswendig lernen muss.	gut – besser – am besten viel – mehr – am meisten
Manche Adjektive lassen sich überhaupt nicht steigern.	rot – blau – einzig – super – egal
Achtung: Bei Vergleichen steht im Positiv das Wörtchen *wie*, im Komparativ das Wörtchen *als*!	Ich bin genauso alt **wie** du, aber deine Schwester ist älter **als** wir.

ÜBUNG 11 **Fülle die Felder aus: Dekliniere *das kleine Kind – die kleinen Kinder* und ergänze die Fachbegriffe.**

	Einzahl:	Mehrzahl:
1. Fall:	das kleine Kind	die kleinen Kinder
2. Fall:		
3. Fall:		
4. Fall:		

ÜBUNG 12 **Setze in den folgenden Text die passenden Adjektive aus dem Wortspeicher ein.**

großen – schlechtes – wunderschöne – besten – erlebnisreichen – köstlicher – fürchterlichen – aufregenden – freundliche – letzten – erfahrene – spannendes – kleines

Pia berichtet ihrer ______ Freundin Linda von ihrem ______ Flug nach Lanzarote im ______ Sommer: „Ich bin zum ersten Mal mit einem ______ Flugzeug geflogen. Auf dem Hinflug hatten wir ______ Wetter, sodass wir unter ______ ______ Turbulenzen an Bord litten. Die ______ Stewardess kümmerte sich sofort um mich, denn sie sah, dass ich noch keine ______ Passagierin war. Sie lenkte mich ab, indem sie mir ein ______ Buch und ein ______ Stück ______ Schokolade brachte. So gut versorgt, erreichten wir nach einem ______ Flug von vier Stunden die ______ Insel Lanzarote.“

ÜBUNG 13 **Beschreibe kurz deine/n Deutschlehrer/in. Dabei kannst du ihr / sein Aussehen und / oder typische Eigenschaften benennen. Verwende mindestens fünf treffende Adjektive und schreibe in dein Übungsheft.**

ÜBUNG 14 **Bearbeite den folgenden Text. Übertrage dazu die Tabelle darunter in dein Übungsheft.**

a) Unterstreiche zuerst alle Adjektive.

b) Suche jeweils das Substantiv heraus, das Bezugswort des Adjektivs ist, und trage beide Wörter in die Tabelle ein.

c) Im Text findest du die deklinierten Formen des Adjektivs. Wie lautet jeweils die Grundform? Trage sie ein.

Ein alter Mann lebte in einer engen Wohnung am Rande der Stadt. Wenn schönes Wetter war, ging er mit seinem treuen Hund in die kleine Stadt, wo er die nötigsten Dinge einkaufte. Den meisten Spaß bereitete es ihm, wenn die Kinder zu ihm kamen, um den alten Hund zu streicheln. Eines schönen Tages spazierte er durch eine enge Gasse, als plötzlich ein kleiner Junge erschien, der dem Hund einen prächtigen Knochen brachte.

deklinierte Adjektiv	Bezugswort	Grundform
alter	Mann	alt

ÜBUNG 15 **Fülle die Felder aus: Ergänze die Fachbegriffe in der oberen Zeile und dann die fehlenden Adjektivformen.**

Positiv		
		am trübsten
	früher	
fein		

ÜBUNG 16 **Unterstreiche alle Adjektive und prüfe, ob sie steigerbar sind. Wer also kann seine Leistung (rein sprachlich) noch steigern: Tim, Jana, Paul oder Chiara?**

WISSEN

Alle **Zahlwörter**, die als Beifügung zu einem Substantiv stehen können, sind ebenfalls **Adjektive**. Zu diesen Zahladjektiven gehören:

- Grundzahlen,
- Ordnungszahlen,
- unbestimmte Zahlwörter.

Grundzahlen:
fünfzig Rosen – die **sieben** Geißlein
Ordnungszahlen:
der **dritte** Mann – am **ersten** Tag
unbestimmte Zahlwörter:
einige Tage – **viele** Versuche – **manche** Menschen – **etliche** Erfolge

ÜBUNG 17 **Setze die Adjektive aus dem Wortspeicher in die passenden Lücken ein. Vorsicht! Die Adjektive sind in ihrer Grundform angegeben. Du musst sie also beim Einsetzen deklinieren und kannst sie steigern, wenn es dir sinnvoll erscheint.**

wenige - verwildert - anstrengend - groß - lecker - viel - fantastisch - neu - lang - erfolgreich - gut - unverheiratet - fern - viele - benachteiligt

Heute ziehe ich mein ________ Kleid an, da meine ________ Tante aus dem ________ Afrika zu Besuch kommt. Mein Vater hat extra einen ________ Kuchen gebacken und meine Mutter in unserem ________ Vorgarten das Unkraut gezupft. Als meine Tante vor ________ Jahren sagte, dass sie den ________ Kindern in Afrika helfen wolle, machte die ganze Familie ein ________ Gesicht – besonders meine ________ Schwester. Sie hatte ________ Zeit als die übrigen Nichten und Neffen bei ihr verbracht, denn die beiden hatten ________ Pläne gemacht, wie sie gemeinsam eine ________ Schule in Kenia erbauen und leiten könnten. Aber schon in ________ Monaten will auch sie ins Ausland gehen, nach dem Abschluss ihrer ________, aber sicher ________ Schulzeit.

ÜBEN

4.3 Verben

Verben (Tätigkeitswörter) bezeichnen ■ eine Handlung, ■ einen Vorgang oder ■ einen Zustand. Sie werden immer **kleingeschrieben**.	*Handlung:* schreiben – laufen – fahren *Vorgang:* verlieren – vergessen – erinnern *Zustand:* sein – ruhen – stehen
Die Grundform des Verbs bezeichnet man als **Infinitiv**. Die meisten Verben enden im Infinitiv auf *-en*, wenige auf *-rn* oder *-ln*.	rufen – hüpfen – falten – essen – lachen – suchen – lesen – baden – klettern – wandern – ändern – hobeln – lächeln – sammeln
Wenn du die Endung *-en* bzw. *-n* vom Infinitiv streichst, erhältst du den **Wortstamm**.	**ruf**-en – **hüpf**-en – **falt**-en – **kletter**-n – **wander**-n – **änder**-n – **hobel**-n – **lächel**-n – **sammel**-n
Verben kommen nicht nur im Infinitiv vor, sondern auch als **Personalform** (auch: finite – d. h. veränderliche – Form). Du bildest sie, indem du an den Stamm die Personalendung hängst. Setzt du Verben in die Personalformen, nennt man dies **konjugieren** (beugen).	*Singular* — *Plural* ich schreib-e — wir schreib-en du schreib-st — ihr schreib-t er/sie/es schreib-t — sie schreib-en
Das **Tempus** (Zeit) des Verbs zeigt an, wann etwas passiert. Den **Zeitstufen** Vergangenheit, Gegenwart und Zukunft sind unterschiedliche Tempora (Zeiten) zugeordnet.	*Gegenwart:* Präsens *Vergangenheit:* Präteritum, Perfekt, Plusquamperfekt *Zukunft:* Futur I, Futur II
Das **Präsens** (Gegenwart) bezeichnet: ■ ein Geschehen, das sich gerade ereignet (1), ■ Aussagen, die allgemein gültig sind (2), ■ ein Geschehen, das sich in der Zukunft ereignet, wenn aus dem Zusammenhang klar wird, dass es sich um ein zukünftiges Geschehen handelt (3) (Hinweiswörter z. B. *bald, morgen, nächste Woche*).	(1) Wir **gehen** ins Schwimmbad. (2) Vor dem Schwimmen **muss** man sich gründlich abduschen. (3) In den nächsten Sommerferien **gehe** ich bestimmt ganz oft ins Freibad.

WISSEN

Das **Präteritum** (Vergangenheit) bezeichnet ein abgeschlossenes vergangenes Geschehen. Es wird häufig beim Erzählen verwendet, daher wird es auch als **Erzähltempus** bezeichnet (↑ Kap. 1.1).

Es gibt eine schwache, eine starke und eine unregelmäßige Konjugation. Das Präteritum bildest du wie folgt:

- **schwache Verben:** Anfügen der Endung *-te* an den Wortstamm,
- **starke Verben:** Veränderung des Stammvokals,
- **unregelmäßige Verben:** Veränderung des Stammvokals und Anfügen der Endung *-te* an den veränderten Stamm.

Infinitiv → Stamm → Präteritum

schwache Verben:
tanzen → tanz- → ich tanz**te**
spielen → spiel- → du spiel**test**
sagen → sag- → sie sag**te**

starke Verben:
rufen → ruf- → er r**ie**f
tragen → trag- → wir tr**u**gen
lesen → les- → ihr l**a**st

unregelmäßige Verben:
kennen → kenn- → ich k**a**nn**te**
bringen → bring- → sie br**achten**
denken → denk- → wir d**achten**

Das **Perfekt** (vollendete Gegenwart) bezeichnet ein Geschehen, das zwar in der Vergangenheit abgeschlossen ist, dessen Folgen aber bis in die Gegenwart hinein Bedeutung haben.

Das Perfekt bildest du mit einer konjugierten Form der Hilfsverben *haben* oder *sein* und dem Partizip Perfekt (2. Partizip) des Verbs.

ich **habe ge**kauft
du **hast ge**kauft
wir **haben ge**kauft

ich **bin gelaufen**
er **ist gelaufen**
sie **sind gelaufen**

Das Partizip Perfekt bildest du

- bei **schwachen Verben:** *ge-* + Wortstamm + *-(e)t*,

schwache Verben:
schenk-en → **ge**-schenk-**t**
hol-en → **ge**-hol-**t**
red-en → **ge**-red-**et**

- bei **starken** bzw. **unregelmäßigen Verben:** *ge-* + (veränderter) Wortstamm + *-en.*

starke / unregelmäßige Verben:
reit-en → **ge-ritt-en**
werf-en → **ge-worf-en**

Ausnahme: Nur sehr wenige Verben bilden das Partizip Perfekt ohne *ge-*.

überrasch-en → überrasch-**t**
zerreiß-en → zerriss-**en**

Mit dem **Futur** drückt man aus, dass ein Geschehen in der Zukunft liegt. Das Futur I bildest du mit einer konjugierten Form von *werden* und dem Infinitiv.

ich werde feiern – du wirst feiern – er wird feiern – wir werden feiern – ihr werdet feiern – sie werden feiern

ÜBUNG 18 Bilde Verben, indem du Vorsilben und Infinitive sinnvoll miteinander verbindest.

Vorsilben	Infinitive	
nieder	geben	
bei	gehen	
hinter	schreiten	
über	kommen	
mit	schlagen	
nach	stehen	
vor	laufen	
entgegen	lesen	

WISSEN+

Bei einigen Verben ändert sich der **Stammvokal** des Infinitivs in der 2. und 3. Person Singular.

sehen – du s**ie**hst – er s**ie**ht
fahren – du f**ä**hrst – er f**ä**hrt
st**o**ßen – du st**ö**ßt – er st**ö**ßt

ÜBUNG 19 Konjugiere das Verb *laufen* im Präsens. Unterstreiche die Endungen.

	Singular	Plural
1. Person		
2. Person		
3. Person		

ÜBUNG 20 Bestimme Person und Numerus der folgenden Personalformen. Benutze dazu dein Übungsheft.

1. du weinst
2. ihr kreischt
3. ich schreie
4. sie heulen
5. er lacht
6. wir schweigen

ÜBUNG 21 **Bilde die angegebenen Personalformen im Präsens.**

lieben → 1. Person Singular →

reden → 1. Person Plural →

tanzen → 2. Person Plural →

fragen → 2. Person Singular →

schreiben → 3. Person Plural →

ÜBUNG 22 **Wird bei den folgenden Infinitiven das Perfekt mit *sein* oder mit *haben* gebildet? Trage die 1. Person Singular in die entsprechende Zeile ein.**

haben – denken – laufen – gehen – essen – halten – fliegen – reisen

Perfekt mit *sein*:

Perfekt mit *haben*:

ÜBUNG 23 **Unterstreiche die Sätze blau, die sich auf die Gegenwart beziehen oder allgemeingültig sind. Unterstreiche die Sätze rot, die von der Vergangenheit handeln.**

An diesem Sonntagmorgen war nichts so, wie es gewöhnlich ist. Alles fing schon damit an, dass der Wecker um sieben Uhr klingelte, was er normalerweise nur an Schultagen zu tun hat. Nachdem ich mich gründlich über das frühe Wecken geärgert hatte, konnte ich natürlich nicht wieder einschlafen. So begab ich mich zum Frühstücken in die Küche, doch dort grinste mich lediglich ein leerer Brotkasten an. Üblicherweise stellt meine Mutter die Milch in die Kühlschranktür, doch heute morgen konnte ich sie nicht finden. Ich gab auf. Völlig entnervt ging ich wieder in mein Zimmer. Dort schlief ich ein … und schlief und schlief. Bis jetzt: Meine Mutter betritt freudestrahlend das Zimmer, öffnet das Fenster und säuselt mir ins Ohr: „Komm, du Faulpelz! Willst du heute gar nicht mehr aufstehen? Das Frühstück ist fertig!“ Verwundert hebe ich den Kopf: Nanu, war alles nur ein schlechter Traum?

ÜBUNG 24 **Entscheide, ob es sich um ein zukünftiges (Z) oder ein gegenwärtiges (G) Geschehen handelt. Trage die entsprechenden Abkürzungen in die Felder ein.**

1. Morgen werde ich meine Freundin Nicole wiedersehen. ____ – 2. Morgen komme ich wieder. ____ – 3. Die Wiedersehensfreude ist groß. ____ – 4. Sie sehen sich im nächsten Jahr wieder. ____ – 5. Wir wünschen dir eine angenehme Reise. ____

WISSEN +

Eine weitere wichtige Verbform ist der **Imperativ (Befehlsform)**. Er kann eine freundliche Bitte, eine Aufforderung oder einen energischen Befehl ausdrücken und sich dabei an eine oder mehrere Personen richten. Du bildest ihn wie folgt:

- **Singular**: Präsensstamm + *-e* (die Endung fällt häufig weg), manche Verben verändern ihren Stammvokal;
- **Plural**: Präsensstamm + *-t*.

Zeig mir bitte dein Heft! **Kommt** mal zu mir! **Gib** mir sofort das Heft!
Singular: üb-en → üb(e)! helf-en → h**i**lf! *Plural:* hör-en → hör**t**!

ÜBUNG 25 **Setze die richtigen Verbformen im Präsens ein.**

Herr Müller ____ (gehen) mit seinem riesigen Hund zum Tierarzt und ____ (flehen): „Bitte ____ (helfen) Sie mir! Mein Hund ____ (jagen) immer Fahrzeugen hinterher!“ Der Tierarzt ____ (antworten) empört: „Das ____ (kommen) nicht von ungefähr. Wahrscheinlich ____ (tun) dies gewöhnlich alle Hunde.“ Da ____ (toben) Herr Müller: „Vielleicht! Aber meiner ____ (fangen) sie stets und ____ (vergraben) sie dann im Garten!“

ÜBUNG 26 **Bilde den Imperativ Singular und Plural zu folgenden Infinitiven. Achtung: Bei machen Imperativen ändert sich der Stammvokal!**

	Singular	Plural		Singular	Plural
fragen			geben		
essen			lachen		
lesen			reden		

ÜBUNG 27 **Formuliere nun mit den Imperativen aus Übung 26 entweder eine freundliche Bitte, eine Aufforderung oder einen energischen Befehl. Schreibe in dein Übungsheft.**

ÜBUNG 28 **Formuliere die folgende Zeugenaussage über einen Unfall zu einem Bericht für deinen Brieffreund um. Dazu musst du das Perfekt in Präteritum umwandeln. Schreibe in dein Übungsheft.**

Ich bin gerade aus der Schule gekommen und habe mich noch mal nach meinem Freund Fabian umgeschaut. Deshalb habe ich das herankommende Auto auch erst gar nicht bemerkt. Natürlich bin ich an der roten Ampel stehen geblieben. Da habe ich plötzlich gemerkt, dass hinter mir die anderen Schulkinder angefangen haben zu drängeln. Ich bin natürlich gleich auf die Seite gegangen, aber irgendwie hats der Basti nicht mehr geschafft, sich zu halten, und ist voll auf die Straße geschubst worden. Tja, und da ist das Auto gekommen ...

WISSEN

Die Wortarten, die du bisher kennengelernt hast, sind **flektierbar**, d. h., sie **verändern ihre Form** je nach ihrer Funktion im Satz.	*Substantive, Pronomen und Adjektive sind* deklinierbar. *Adjektive können* gesteigert *werden.* *Verben können* konjugiert *werden.*
Es gibt aber auch eine Reihe von Wörtern, die ihre Form nie verändern. Dazu gehören:	
■ **Adverbien** (Umstandswörter),	genug – heute – mittags – oft – gern
■ **Konjunktionen** (Bindewörter),	und – oder – aber – da – falls – obwohl
■ **Präpositionen** (Verhältniswörter),	mit – unter – auf – bei – durch – von
■ **Fragewörter.**	was – wann – wie – warum – wo – ob

ÜBUNG 29 **Kreise im folgenden Text alle nicht flektierbaren Wörter ein.**

Es waren einmal ein armer Mann und eine arme Frau, die hatten nichts als eine kleine Hütte und nährten sich vom Fischfang und es ging bei ihnen von der Hand in den Mund. Es geschah aber, als der Mann eines Tages beim Wasser saß und sein Netz auswarf, dass er einen Fisch herauszog, der ganz golden war. Und als er den Fisch voller Verwunderung betrachtete, sagte dieser: „Höre, Fischer, wenn du mich zurück ins Wasser wirfst, dann mache ich deine Hütte zu einem prächtigen Schloss."

Check-up Wortarten

45 Minuten

AUFGABE 1 **Bestimme die Wortarten: Markiere durch Pfeile, welches Wort in welches Fass gehört.**

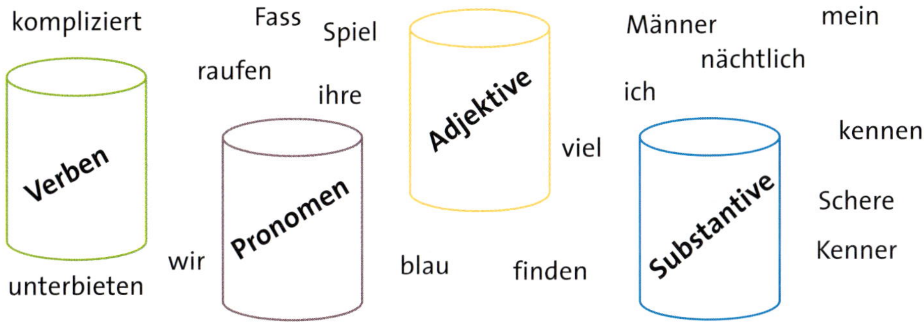

AUFGABE 2 **Welche Wörter kann man konjugieren, welche deklinieren?**

	konjugierbar	deklinierbar
1. Possessivpronomen		
2. Verben		
3. Substantive		
4. Adjektive		
5. Personalpronomen		

AUFGABE 3 **Fülle die Felder aus: Ergänze die Personalpronomen der 1.–3. Person Singular sowie die fehlenden Fachbegriffe für die vier Zeitstufen, die du schon kennen gelernt hast. Konjugiere dann das Wort *laufen* in diesen Zeitstufen. Ein Feld ist als kleine Hilfe für dich schon ausgefüllt.**

	Personal-pronomen		Perfekt		
1. Person					
2. Person				liefst	
3. Person					

TESTEN

AUFGABE 4 **Setze im folgenden Text die Verben aus dem Wortspeicher in den richtigen Zeitstufen ein. Beginne mit dem Präsens.**

> planen – sitzen – wissen – kommen – reisen – lassen – schwärmen – erwarten – werden – fahren – sein – sehen – gefallen – träumen – vorstellen – gehen

Peter ______ am See, ______ seine Beine im Wasser baumeln und ______ von seinem nächsten Urlaub: „Diesen Sommer ______ ich den Urlaub besser ______! Letztes Jahr ______ ich einfach zu spät ______. Da ______ die besten Plätze natürlich schon weg." Gesagt, getan. Gespannt ______ er ins nächste Reisebüro, wo ihn eine freundliche Dame bereits ______. „______ Sie doch nach Mallorca. Sie ______ ______. Das ______ Ihnen sicher ______! Ich selbst ______ letztes Jahr dorthin ______ und ______ noch heute von dieser Insel!" Doch Peter ______ nicht so recht. Mallorca, da ______ er sich doch etwas anderes ______. Also ______ es wohl doch wieder eine Reise an die Nordsee ______.

AUFGABE 5 **Ordne nun die Personalformen des Textes in die richtigen Spalten der Tabelle ein.**

Präsens	Präteritum	Perfekt	Futur	Imperativ

AUFGABE 6 **Trage die entsprechenden Formen in die farbigen Felder ein: Verändere jeweils nur das Angegebene; ergänze bei den Substantiven den bestimmten Artikel.**

1. Person Singular Präsens von: lesen → ______ → verändere das Tempus: Präteritum → ______ → verändere das Verb: liegen → ______ → verändere das Tempus: Perfekt → ______ → verändere die Person: 3. Person → ______ → verändere den Numerus: Plural → ______

Genitiv Singular von: Haut → ______ → verändere den Kasus: Dativ → ______ → verändere das Wort: Müller → ______ → verändere den Numerus: Plural → ______ → verändere den Kasus: Akkusativ → ______ → verändere das Wort: Buch → ______

AUFGABE 7 **Einer dieser Begriffe ist jeweils falsch! Streiche ihn durch und begründe, warum er nicht zu den anderen passt.**

1. Nominativ	Dativ	Komparativ	Akkusativ
2. Genitiv	Positiv	Steigerung	Superlativ
3. Konjugation	Tempus	Pronomen	Präsens
4. Kasus	Deklination	Imperativ	Numerus

TESTEN

5 Satzglieder

5.1 Satzglieder erkennen

Die einzelnen Bestandteile, in die du einen Satz zerlegen kannst, nennt man **Satzglieder**. Sie können bestehen aus

- einem einzelnen Wort oder
- einer Wortgruppe (mehrere zusammengehörende Wörter).

Sie / singt / Lieder.
Die junge Nachwuchssängerin / hat / beim Talentwettbewerb / ein Lied / von ihrer Lieblingsband / gesungen.

Um festzustellen, welche Wörter zusammengehören und somit ein Satzglied bilden, gibt es zwei Methoden:

- **Umstell-** oder **Verschiebeprobe**:
Du stellst die Teile eines Satzes um, ohne dass sich der Sinn des Satzes ändert. Alle Wörter, die bei der Umstellung zusammenbleiben, gehören zu einem Satzglied.

Meine Deutschlehrerin / liest / mit uns / gerne / Jugendbücher.
Gerne / liest / meine Deutschlehrerin / Jugendbücher / mit uns.
Mit uns / liest / meine Deutschlehrerin / gerne / Jugendbücher.

Achtung: Du darfst die Wörter in ihrer Form nicht verändern und der Satz muss weiterhin sinnvoll und vollständig sein!

Mit der Umstellprobe kannst du ein Satzglied betonen, indem du es an den Anfang stellst.

Ich / gehe / gerne / mit dir / ins Kino.
Mit dir / gehe / ich / gerne / ins Kino.
(Betonung: mit dir – aber nicht mit Sara!)
Ins Kino / gehe / ich / mit dir / gerne.
(Betonung: ins Kino – aber nicht ins Fußballstadion!)

- **Ersatzprobe**:
Ein Satzglied kannst du durch andere Wörter oder Wortgruppen ersetzen. Überlege, welches Wort bzw. welche zusammengehörenden Wörter ersetzt werden können, dann findest du heraus, welches Wort bzw. welche Wörter ein Satzglied bilden.

Das schöne Bild meiner Großmutter /
hängt /
über unserem Fernseher.

Es *(= Das schöne Bild meiner Großmutter)*
hängt
dort. *(= über dem Fernseher)*

ÜBUNG 1 **Bilde aus den einzelnen Wörtern einen sinnvollen Satz.**

ICH - SCHWESTER - IN - STADT - DER - GESTERN - PETERS - TRAF - ABEND

ÜBUNG 2 **Führe an diesem Satz die Umstellprobe durch: Bilde fünf verschiedene sinnvolle Sätze.**

ÜBUNG 3 **Welche Wörter bleiben immer zusammen und bilden somit ein Satzglied? Setze in Übung 2 Trennstriche zwischen die Satzglieder.**

ÜBUNG 4 **Ersetze die rot hervorgehobenen Satzglieder durch Pronomen (↑ Kap. 4.1). Manchmal musst du im Satz eine Umstellung vornehmen. Schreibe in dein Übungsheft.**

1. Viele Kinder besuchen den Kinderspielplatz in der Kirchstraße.
2. In den Ferien leihe ich mir immer die spannendsten und abenteuerlichsten Romane aus der Stadtbücherei.
3. Ohne Zögern beging der Dieb den Einbruch.
4. Die Fragerei der neuen Mitschüler ging ihr auf die Nerven.

5.2 Das Prädikat

Das **Prädikat** (Satzaussage) ist der wichtigste Teil des Satzes. Es drückt aus, was jemand tut oder was geschieht.	Tim **singt** in der Badewanne ein Lied. Nina **bohrt** ein Loch in die Wand. Niklas **sucht** einen Kochlöffel.
Am Prädikat erkennst du, wann etwas geschieht oder getan wird bzw. in welchem Zeitverhältnis es zu anderen Geschehen oder Handlungen steht (↑ Kap. 4.3).	Tim **singt**. Tim **sang**. Tim **hat gesungen**. Tim **wird singen**.
Das Prädikat besteht ■ entweder aus der **Personalform** des Verbs (↑ Kap. 4.3) ■ oder aus einer zwei- oder mehrteiligen Verbform. Hier treten zu der Personalform Prädikatsteile hinzu, die nicht konjugiert werden. Man spricht dann von einer **Verbklammer**, weil das Prädikat einen Teil des Satzes umklammert. Die Verbklammer kann auch aus einem Verb mit trennbarem Verbzusatz bestehen.	Ich **lache** über deinen Witz. Tim **hat** in der Badewanne **gesungen**. Nina **wird** ein Loch in die Wand **bohren**. Niklas **kann** keinen Kochlöffel **finden**. Frederik **fährt** oft **weg**. Miriam **bleibt** lieber **stehen**.
Die Personalform des Verbs steht im **Aussagesatz** immer an der zweiten Satzgliedstelle.	Pia **kauft** für Timm eine Konzertkarte. Eine Konzertkarte **kauft** Pia für Timm. Für Timm **kauft** Pia eine Konzertkarte.
Auch in der **Ergänzungsfrage**, die mit einem Fragewort eingeleitet wird und auf die es viele verschiedene Antwortmöglichkeiten gibt, steht das Prädikat als zweites Satzglied direkt hinter dem Fragewort. In der **Entscheidungsfrage** steht die Personalform des Verbs an erster Stelle. Zur Beantwortung von Entscheidungsfragen gibt es nur zwei Möglichkeiten: *ja* oder *nein*.	*Aussagesatz:* Er **kommt** morgen. *Ergänzungsfrage:* Wann **kommt** er? *(mögliche Antworten: bald, morgen, nächste Woche, nach den Ferien ...)* *Entscheidungsfrage:* **Kommt** er morgen? *(Antwort: ja / nein)*
Bei **Aufforderungssätzen** steht die Imperativform des Verbs an erster Satzgliedstelle (↑ S. 65).	**Komm** sofort nach Hause! **Gib** mir bitte mal den Brotkorb! **Passt** auf beim Überqueren der Straße!

ÜBUNG 5 **Ergänze das Prädikat mit der passenden Personalendung.**

1. Ich hab ___ einen Frosch im Hals.
2. Sie hab ___ einen grünen Daumen.
3. Wir nag ___ am Hungertuch.
4. Er mach ___ die Pferde scheu.
5. Ihr bleib ___ stumm wie ein Fisch.

ÜBUNG 6 **Fülle die Lücken aus: Suche aus dem Wortspeicher einen passenden Infinitiv und setze ihn in der richtigen Verbform ein.**

> mögen – finden – fahren – herstellen – basteln – bleiben – verbringen – nutzen

1. Lea ___ gerne in den Urlaub, aber ihr Vater ___ lieber zu Hause.
2. Er ___ sehr gerne und ___ jede freie Minute für sein Hobby.
3. Leas Mutter ___ dieses Hobby nicht, denn oftmals ___ ihr Mann den ganzen Abend im Hobbykeller.
4. Nur Leas Bruder Ben ___ es toll, dass sein Vater so viele Dinge selbst ___.

ÜBUNG 7 **Unterstreiche im folgenden Text alle Prädikate.**

Versuchen Sie es doch mal mit einem neuen Gericht aus der französischen Küche: Mandelzwieback! Dazu benötigen Sie zwar etwas Zeit und Fingerspitzengefühl, aber der Aufwand lohnt sich.
Zunächst mahlt man 250 Gramm Mandeln. Dann verrührt man vier Eier mit 50 Gramm Zucker. Nun siebt man 500 Gramm Mehl, gibt die Mandeln hinzu und verknetet das Ganze mit der Eier-Zucker-Masse zu einem festen Teig. Anschließend rollt man den Teig zu länglichen Bändern und setzt sie auf ein Backblech. Dann bäckt man die Teigrollen bei mittlerer Hitze 30 Minuten.

ÜBUNG 8 **Bestimme die Satzarten: Unterstreiche dazu das Prädikat und setze das passende Satzschlusszeichen.**

1. Anfang Oktober schreibt Pia schon ihren Wunschzettel für Weihnachten
2. Kann sie es denn gar nicht mehr abwarten
3. Sie wünscht sich von ganzem Herzen einen Computer
4. Den ganzen Tag liegt sie ihrer Mutter in den Ohren: „Bitte, Mama, schenk mir einen Computer zu Weihnachten
5. Mein Mathelehrer sagt immer: „Wünscht euch zum nächsten Fest einen Computer “
6. Wirst du meinen Wunsch erfüllen
7. „Gib endlich Ruhe “, schimpft ihre Mutter. „Schließlich ist erst Oktober “

WISSEN+

Besteht das Prädikat aus einem zusammengesetzten Verb, so wird das Verb oft **aufgespalten**.	Der Schauspieler **sprach** im Theater **vor**. Der Stürmer **holte** den Ball, den er ins Aus geschlagen hatte, **zurück**.
Bei unbetonter Vorsilbe wird das Verb nicht aufgespalten.	Bei der Probe **versprach** sich der Schauspieler sehr häufig. Der Schiri ließ den Elfmeter **wiederholen**.

ÜBUNG 9 **Schreibe eine kurze Geschichte über ein Mädchen, das mit einer völlig schrecklichen Frisur vom Frisör kommt. Benutze dabei die Verben aus dem Wortspeicher. Unterstreiche in deinem Text alle Wörter, die zum Prädikat gehören.**

zerplatzen – zurückkehren – verzweifeln – zerstören – ankommen – hochstecken – nachdenken

Martina ließ den Kopf hängen: Die Haare, die sie so lange hatte wachsen lassen, waren ab!

ÜBEN

5.3 Das Subjekt

Das Satzglied, das du mit *wer?* oder *was?* erfragen kannst, nennt man **Subjekt** (Satzgegenstand). Die Frage *wer?* verwendest du bei Personen. Die Frage *was?* verwendest du bei Sachen, Stoffen und Materialien. Du erfährst, ■ wer oder was etwas tut, ■ wer oder was etwas ist.	**Der Lehrer** liest eine Geschichte vor. Wer *liest eine Geschichte vor?* *Der Lehrer = Subjekt* **Meine kleine Schwester** hat geweint. Wer *hat geweint?* *Meine kleine Schwester = Subjekt* **Der Apfelsaft** ist süß. Was *ist süß?* *Der Apfelsaft = Subjekt*
Ein Subjekt kann u. a. bestehen aus ■ einem Substantiv (1), ■ einem Substantiv mit Artikel (2), ■ einem Substantiv mit Pronomen (3), ■ einem Substantiv mit Artikel und Adjektiv (4), ■ einem Substantiv mit Pronomen und Adjektiv (5), ■ einem Pronomen (6).	(1) **Kakao** schmeckt gut! (2) **Der Kaffee** ist sehr stark. (3) **Dein Tee** ist mal wieder vorzüglich. (4) **Die eiskalte Cola** war sehr erfrischend. (5) **Seine heiße Schokolade** war ein Genuss. (6) **Es** war das beste Getränk, das ich je getrunken hatte.
Ein Subjekt gehört neben dem Prädikat immer zu einem vollständigen Satz. Du kannst den **Kernsatz** herausfinden, indem du die Weglassprobe durchführst. Dabei lässt du alle Wörter weg, die nicht zum Subjekt und Prädikat gehören.	**Ich las** (letzte Woche in der Bibliothek ein sehr spannendes Buch über Dinosaurier). **Mein Vater kauft** (jede Woche im nahe gelegenen Supermarkt für die ganze Hausgemeinschaft) **ein**.
Prädikat und Subjekt sind eng miteinander verbunden. Sie müssen in Person und Numerus übereinstimmen.	**Das Kind** sing**t** ein Lied. **Die Kinder** sing**en** ein Lied.
Das Subjekt kann an verschiedenen Stellen im Satz stehen.	**Ich** schenke meiner Oma Blumen. Blumen schenke **ich** meiner Oma. Meiner Oma schenke **ich** Blumen.

ÜBUNG 10 **Setze die passenden Subjekte aus dem Wortspeicher ein. Wie fragst du nach dem Subjekt?**

> der Erlös des Festes – die Schüler – alle – die Buden –
> der Hausmeister

1. Für das Schulfest baut ______ schon früh am Morgen die große Bühne auf. Frage: ______
2. Wenig später treffen ______ ein, um ihre Buden und Verkaufsstände aufzustellen. Frage: ______
3. ______ wurden gemeinschaftlich von Schülern, Lehrern und Eltern hergestellt. Frage: ______
4. Jetzt warten ______ gespannt auf die ersten Gäste. Frage: ______
5. ______ soll vollständig der Schule zugutekommen. Frage: ______

ÜBUNG 11 **Führe die Weglassprobe durch, indem du alle Wörter streichst, die nicht zum Kernsatz aus Subjekt und Prädikat gehören.**

1. Die Schüler werden vom Schulleiter für ihren besonderen Einsatz gelobt.
2. Die Lehrer tanzen mit den Eltern und Schülern in der Schuldiskothek.
3. Um 20:00 Uhr endet das Fest leider schon.

ÜBUNG 12 **Unterstreiche das Subjekt und schreibe das passende Fragewort in das gelbe Feld. Achtung: Das Subjekt kann aus mehreren Wörtern bestehen.**

1. Die Schminkaktion ist ein voller Erfolg. ______ – 2. Die kleinen Kinder wollen von den älteren Schülerinnen geschminkt werden. ______ – 3. In der Pause versammeln sich schon wieder neue Kunden vor dem Stand. ______ – 4. Am häufigsten wird das Clowngesicht gewünscht. ______ – 5. Der Preis von einem Euro pro Kindergesicht ist viel zu billig. ______

ÜBEN

ÜBUNG 13 **Suche aus dem folgenden Text alle Subjekte heraus und trage sie in die Tabelle ein. Ersetze die Subjekte jeweils durch ein Pronomen.**

Den ganzen Tag hatte sich gestern die Sonne nicht blicken lassen. Dunkle Regenwolken zogen von Westen auf. Heute war zwar der erste Ferientag, aber die Kinder konnten einfach nicht vor die Tür treten. So beschloss Patrick, den Tag im Bett zu vergammeln. Das neue Buch von Tante Gabi lag schließlich noch ungelesen auf dem Nachttisch und wollte gelesen werden. Während Patrick es sich im Bett gemütlich machte, trommelten dicke Regentropfen an das Dachfenster. „So ein Tag im Bett kann auch richtig gemütlich sein", dachte Patrick und fing an zu lesen. Noch am selben Abend hatte der Bücherwurm es geschafft: Das dicke Buch war ausgelesen.

Subjekt	passendes Pronomen

5.4 Das Objekt

Oftmals reicht es nicht aus, zu sagen, wer handelt oder was geschieht. Man will auch wissen, auf wen oder auf was sich ein Geschehen bezieht. Eine solche Ergänzung nennt man **Objekt.**	Er singt. – Er singt **ein Lied**. Du hilfst. – Du hilfst **mir**. Wir reden. – Wir reden **über Filme**.
Wie das Subjekt können auch Objekte aus mehreren Wörtern und unterschiedlichen Wortarten bestehen.	Er singt **ihr** vor. Er singt **ein schönes Lied**.
Ein Satz kann mehrere Objekte haben. Das Verb bestimmt, wie viele und welche Ergänzungen notwendig sind, damit ein vollständiger Satz entsteht. Es gibt Verben, denen immer ein Objekt folgt.	Ich gebe **ihm / ein Buch**. Chiara besucht **Niklas**. Sie schenkt **mir / einen neuen Krimi**. Wir zeigen **euch / die Stadt**.
Das **Akkusativobjekt** erfragst du mit *wen?* oder *was?*	Sie küsst **das Kind**. *Wen küsst sie? Das Kind.* Er wäscht **die Wäsche**. *Was wäscht er? Die Wäsche.*
Das **Dativobjekt** erfragst du mit *wem?*	Es geht **ihm** gut. *Wem geht es gut? Ihm.*
Das **Genitivobjekt** erfragst du mit *wessen?* Es wird heute nur noch selten gebraucht.	Der Lehrer nimmt sich **der Fragen** an. *Wessen nimmt sich der Lehrer an? Der Fragen.*
Das **präpositionale Objekt** (Objekt mit Präposition) erfragst du z. B. mit *auf was?, mit was?, über wen?, von wem?, zu wem?* Du erkennst es daran, dass das Fragewort allein nicht ausreicht, um festzustellen, welche Wörter bzw. Wortgruppen zusammengehören. Du brauchst zusätzlich eine Präposition.	Wir rechnen fest **mit seinem Besuch**. *Mit was / Womit rechnen wir fest? Mit seinem Besuch.* Ich bekomme **von ihm** ein Geschenk. *Von wem bekomme ich ein Geschenk? Von ihm.*

ÜBUNG 14 **Verbessere in den folgenden Sätzen die Personalpronomen. Schreibe die Sätze richtig auf.** ACHTUNG FEHLER

1. Ich danke dich. ______
2. Der Lehrer gibt dich die Kreide. ______
3. Der Entführer entledigt sich ihm. ______
4. Die Mitschüler helfen ihrer. ______
5. Die Meute fiel über euer her. ______
6. Die Schüler gedachten uns. ______
7. Meine Brieffreundin schrieb mich. ______

ÜBUNG 15 **Kreise die passende Präposition ein und schreibe den Satz richtig in dein Übungsheft.**

1. Der Schüler sitzt in / um / an den / die Hausaufgaben.
2. Der Lehrer bittet bei / um / auf Aufmerksamkeit.

ÜBUNG 16 **Ergänze die fehlenden Objekte. Denke dir selbst für den Satz passende Wörter aus.**

1. Ich schreibe ______. (Akkusativobjekt)
2. Ich schreibe ______. (Dativobjekt)
3. Ich schreibe ______ (Dativobjekt) ______. (Akkusativobjekt)
4. In der Trauerfeier gedachten wir ______. (Genitivobjekt)
5. Der Hund hört nur ______. (präpositionales Objekt)
6. Die Schüler gratulieren ______ (Dativobjekt) ______. (präpositionales Objekt)
7. Der Mann gibt ______ (Dativobjekt) ______. (Akkusativobjekt)

WISSEN +

Vor allem **Verben mit Vorsilben** verlangen oft ein präpositionales Objekt. — Ich lasse mich **auf diese Aufgabe** ein.

Manche präpositionalen Objekte lassen sich auch durch ein Akkusativ- oder Dativobjekt ersetzen. — Ich fürchte mich nicht **vor dieser Aufgabe.** Ich fürchte **diese Aufgabe** nicht.

ÜBUNG 17 **Bestimme die rot hervorgehobenen Objekte, indem du folgende Abkürzungen in die Klammern einträgst: GO (Genitivobjekt), DO (Dativobjekt), AO (Akkusativobjekt), PO (präpositionales Objekt).**

1. Die Kinder beschenkten ihre Großmutter (   ) mit einem Geburtstagskuchen (   ).
2. Die größte Freude an diesem Tag machte ihr jedoch der Sohn aus Amerika mit einem Überraschungsbesuch (   ).
3. Auch Onkel Willi wollte der Großmutter (   ) eine „kurze" Rede (   ) halten.
4. Nur knapp konnten die Gäste dieser Rede (   ) entkommen, die normalerweise nie weniger als eine halbe Stunde dauert.
5. Die Gäste verstehen sich gut mit ihren Verwandten und Bekannten (   ).
6. Am Ende des Tages bedankt sich die Großmutter mit einer Rede (   ) bei ihren Gästen (   ).
7. Noch lange gedachte sie des schönen Tages (   ).

ÜBUNG 18 **Unterstreiche die Akkusativobjekte. Bestimme dann die Wortart.**

Für die Herstellung eines Milchshakes benötigt man natürlich hauptsächlich Milch. Du solltest sie immer nur gut gekühlt verwenden. Die meisten Menschen trinken nicht so gerne H-Milch. Deshalb solltest du lieber Frischmilch verarbeiten. Deiner Fantasie sind keine Grenzen gesetzt: Du kannst Frucht-Milchshakes oder auch kremige Shakes herstellen. Der Klassiker unter den Milchshakes, der Bananenshake, ist ganz leicht zuzubereiten. Man stellt ihn her, indem man erst eine Banane püriert und sie dann mit Zimt und Zucker vermischt.

Substantiv:

Pronomen:

ÜBEN

ÜBUNG 19 **Welchen Kasus hat das Wort *Freiheit* jeweils?**

	Nominativ	Genitiv	Dativ	Akkusativ
1. Freiheit ist für die meisten Menschen ein hoher Wert.				
2. Der König schenkte seinem Diener die Freiheit.				
3. Jeder Mensch bedarf seiner Freiheit.				
4. Freiheit ist nicht selbstverständlich.				
5. Der Freiheit wird eine enorme Bedeutung gegeben.				
6. Viele Menschen müssen sich ihre Freiheit erst erkämpfen.				
7. Durch die Bedürfnisse aller wird der Freiheit des Einzelnen eine Grenze gesetzt.				

ÜBUNG 20 **Vermeide die altmodisch klingenden und umständlichen Genitivobjekte, indem du andere Verben benutzt.**

1. Ich harre des Besuchs meines Freundes.
2. Er bediente sich einer gepflegten Ausdrucksweise.
3. Wir nahmen uns unserer neuen Mitschülerin an.
4. Auf der Flucht entledigte sich der Dieb seiner Beute.
5. Die Schüler bedurften der Hilfe des Lehrers.
6. Das Kind wurde des Daumenlutschens entwöhnt.
7. Der Dieb bemächtigte sich der Tasche der Passantin.

AUFGABE 5 **Setze die passenden Objekte aus dem Wortspeicher ein. Bestimme die Objekte, indem du die Abkürzungen dahinter schreibst: GO (Genitivobjekt), DO (Dativobjekt), AO (Akkusativobjekt) und PO (präpositionales Objekt).**

> alles – des völlig verschüchterten Mädchens – um ihr Leben – mit ihrer Mutter – von den Nationalsozialisten – ihr Vertrauen – an die schlimmen Erlebnisse – wenig Zeit – den Auftrag – auf diese schwierige Aufgabe

Naomi ist ______ aus Europa geflohen, wo gerade Krieg herrscht. Ihr Vater wurde ______ ______ umgebracht, sodass auch Mutter und Tochter ______ fürchten mussten. In Amerika sind sie zwar sicher, aber Naomi muss noch oft ______ ______ in ihrer Heimat zurückdenken. Der Nachbarsjunge Alan erhält ______, sich ______ ______ anzunehmen. Zunächst nur widerwillig lässt sich Alan ______ ein, denn er ist ein begeisterter Schlagballspieler und hat nur ______. Allmählich gewinnt Alan aber ______, bis ein schockierendes Ereignis ______ wieder infrage stellt.

AUFGABE 6 **Trenne die Satzglieder im folgenden Text durch einen senkrechten Strich voneinander. Bestimme nun die Prädikate (P), die Subjekte (S) und die Objekte (GO, DO, AO, PO), indem du die entsprechenden Fragen stellst. Schreibe die Bezeichnung der Satzglieder jeweils darüber. Achtung: Nicht alle Satzglieder kannst du bestimmen!**

Einst lebte eine berühmte Heilerin. Viele Menschen vertrauten ihrem Wissen. Drei weise Männer wollten den kranken Bürgermeister heilen. Jedoch keiner von ihnen schaffte dies. Da bat die Frau des Kranken die Heilerin um Hilfe. Diese gab der Frau bereitwillig die rettende Medizin. Der Bürgermeister erholte sich sofort. Trotzdem klagten die Leute des Dorfes die Heilerin der Gotteslästerung an. Nun bedurfte sie der Hilfe des Bürgermeisters. Doch er hatte sie vergessen.

TESTEN

6 Rechtschreibung

6.1 Groß- und Kleinschreibung

Unter bestimmten Umständen wird immer **großgeschrieben:**

- **Satzanfänge**

Dies gilt auch für das erste Wort eines selbstständigen Satzes nach einem Doppelpunkt und das erste Wort einer direkten Rede.

Heute komme ich.
Das habe ich dir schon gesagt: **W**ir kommen morgen.
„**J**etzt musst du schweigen", sagte er.

- **Namen**

Auch mehrteilige Eigennamen werden immer großgeschrieben.

Peter – **F**rau **P**etermann
der **H**eilige **V**ater (= Papst)
der **S**tille **O**zean

- **Höfliche Anredepronomen**

Die Höflichkeitsanrede *Sie* wird immer großgeschrieben. Dies gilt auch für die Pronomen *Ihnen, Ihre, Ihr* usw., die sich auf die angesprochene Person beziehen.

Können **S**ie mir die Uhrzeit sagen?
Kann ich **I**hnen helfen?
Bitte heben **S**ie **I**hre Tasche auf.
Ist das **I**hr Hund?

Das Reflexivpronomen *sich* wird aber immer **kleingeschrieben.**

Bitte nehmen **S**ie **s**ich **I**hr Heft.

Achtung: Bei Personen, die du duzt, benutzt du die Anredepronomen *du, dein, deiner, deine* usw. Diese vertrauliche Anrede schreibt man klein.
In Briefen darfst du sie jedoch auch großschreiben.

Kannst **d**u nicht hören?
Da steht **d**eine Schwester.
Bitte nimm **d**ir **d**ein Heft.

Liebe Annika, wie geht es **D**ir/**d**ir?

- **Substantive**

Du erkennst sie daran, dass sie oftmals einen Artikel bei sich haben oder du einen Artikel voranstellen könntest.
Wörter mit den Nachsilben *-ung, -heit, -keit, -nis, -schaft, -ling, -tum* oder *-sal* sind Substantive und werden immer großgeschrieben.

Apfel – **S**onnenschein – **T**uch
der **S**chüler – eine **S**chülerin
die **L**ehrerin – eine **L**ehrerin
das **S**piel – ein **S**piel
die **U**mleitung – die **F**reiheit – die **S**auberkeit – das **W**agnis – die **G**efangenschaft – der **S**äugling – der **R**eichtum – das **S**chicksal

Substantivierungen (Nominalisierungen) Groß schreibt man alle Wörter, die als Substantive gebraucht werden – auch dann, wenn sie ursprünglich zu einer anderen Wortart gehören. Die meisten Wortarten können substantiviert werden.	Er lernte eifrig. → Das eifrige **Lernen** brachte ihm eine gute Note ein.
Substantivierte Verben Verben im Infinitiv können als Substantiv gebraucht werden. Häufig ist dann ein Artikel vorangestellt. Substantivierte Verben können auch nach einem Adjektiv stehen. (Das Adjektiv wird dann kleingeschrieben.) Wenn der Artikel fehlt, kannst du groß- oder kleinschreiben.	Das **Lernen** soll Spaß machen. Das **Springen** vom Beckenrand ist verboten. Das lange **Warten** hatte endlich ein Ende. Ich höre sein lautes **Lachen**. In der Schule lernt man **Schreiben / schreiben**.
Substantivierte Adjektive Adjektive können auch als Substantiv gebraucht werden. Häufig geht dem substantivierten Adjektiv ein Artikel voraus. Adjektive werden immer dann zu Substantiven, wenn sie nach **unbestimmten Mengenangaben** stehen wie: *allerlei, alles, etwas, genug, nichts, viel, wenig*.	Der **Schnellste** gewinnt. Der **Klügere** gibt nach. Alles **Liebe** zum Geburtstag! Es erwartete sie viel **Neues**. Sie sahen nichts **Aufregendes**.
Achtung: Adjektive, die sich auf ein Substantiv beziehen, das an einer anderen Stelle im Satz steht, werden kleingeschrieben.	Viele Kunden glauben, dass teure Uhren länger halten als billige (Uhren).
Auch Verbindungen mit *am* und einem Superlativ werden kleingeschrieben.	Sie war am besten.
Alle Wörter, die **keine Substantive** sind, werden **kleingeschrieben**, wenn sie in ihrer ursprünglichen Wortart in einem Satz verwendet werden und nicht am Satzanfang stehen.	*Verben*: spielen, lachen, singen *Adjektive*: blau, schön, gut *Artikel*: der, die, das, ein, eine *Pronomen*: ich, du, er, mein, dein, sein *Präpositionen:* mit, auf, an, durch, für, bei *Konjunktionen*: und, oder, aber, denn, weil

ÜBUNG 1 **Suche aus dem Text alle Substantive heraus: Unterstreiche sie und schreibe sie mit dem bestimmten Artikel im Nominativ Singular auf.**

EINE MENGE HAIE SCHWAMMEN IN DER REIHE KREUZ UND QUER DURCHS MEER. DA KAM EIN WAL DAHER, SEIN ZAHN, DER SCHMERZTE SEHR: „ACH BITTE, LIEBE HAIE, IN EURER LANGEN REIHE, HELFT MIR MEIN SCHICKSAL TRAGEN, SONST GEHTS EUCH AN DEN KRAGEN. SO FURCHTBAR IST MEIN SCHMERZ, ER BRICHT MIR FAST DAS HERZ.“ VOLL MITLEID KAM EIN HAI MIT MEDIZIN VORBEI. „HIER MUSS MAN ETWAS TUN, SONST KANNST DU NIE MEHR RUH'N.“ ES SCHLUCKT DIE MEDIZIN, DER WAL, UND DAMIT ENDET SEINE QUAL.

ÜBUNG 2 **Setze im folgenden Texte die fehlenden Anredepronomen ein.**

Lieber Tom, herzliche Grüße aus Paris sen-
det ______ ______ Freund Philipp.
Das hier ist wirklich absolut spitze, das
musst ______ auch unbedingt mal sehen und
______ Opa, der ja ein großer Bahn-
liebhaber ist, kannst ______ erzählen, wie
toll die Fahrt mit dem THALYS ist. Viel-
leicht kann ich ja in den nächsten Sommer-
ferien zusammen mit ______ noch einmal
hierher fahren. Ich würde mich sehr darü-
ber freuen. Grüß bitte auch ______
Eltern von mir! Bis bald! Philipp

Tom Schneider
Kleine Gasse 3
12347 Großstadt
R. F. Allemagne

ÜBEN

ÜBUNG 3 **Bilde aus den Verben und Adjektiven Substantive, indem du die typischen Endungen der Substantive verwendest *(-ung, -keit, -heit, -nis, -sal)*.**

trüb – frei – wagen – untersuchen – sauber

ÜBUNG 4 **Forme die Sätze um: Setze für die rot hervorgehobenen Wendungen substantivierte Adjektive oder Verben ein.**

1. Auf der Klassenfahrt haben wir manches erlebt, was besonders aufregend war.
2. Aber das, was am besten war, war die Nachtwanderung im Schnee.
3. Da gab es in unserer Klasse einige, die sehr ängstlich waren.
4. Sie glaubten, dass etwas passieren würde, was besonders unheimlich ist.
5. Dass wir so ausdauernd durch die kalte Winternacht gewandert sind, war für einige von uns ziemlich ermüdend.
6. Umso mehr freuten wir uns darauf, dass wir am nächsten Morgen ausschlafen konnten.

WISSEN +

Wenn ein Substantiv mit einer Präposition gebraucht wird, ist diese häufig mit dem Artikel zu einem Wort verschmolzen.

am = an dem – **ans** = an das
zum = zu dem – **zur** = zu der
beim = bei dem
vom = von dem
ins = in das

ÜBUNG 5 **Setze passende Artikel, die mit einer Präposition verschmolzen sind, ein.**

_____ Herbstanfang hat mir meine Oma eine Reise _____ Disneyland Paris geschenkt. _____ 20. September geht es also los. Ich fahre _____ ersten Mal _____ Ausland. _____ Kofferpacken fällt mir ein, dass ich noch den Personalausweis _____ Amt abholen muss. _____ Glück ist der Pass _____ Termin noch fertig geworden. Jetzt muss ich also nur noch _____ Weckerstellen denken, dann kann nichts mehr schiefgehen.

ÜBUNG 6 **Groß oder klein? Setze die fehlenden Pronomen ein. Aber Vorsicht: Nicht immer musst du höfliche Anredepronomen einsetzen! Pronomen, die sich nicht auf die angeredete Gewinnerin beziehen, musst du kleinschreiben.**

Sehr geehrte Frau Meier,

wir beglückwünschen ___ zu ___ Hauptgewinn der diesjährigen Tombola. Nun dürfen ___ für sich und ___ Familie Möbel in unserem Haus im Wert von 1.000 Euro aussuchen.

Unsere Tombola stand in diesem Jahr unter dem Motto „Geben – nicht Geizen“. ___ Tochter hat sich an unserer Verlosung beteiligt und ___ als Empfängerin unseres Geschenkgutscheins eingetragen. Ich bitte ___, sich möglichst schnell mit uns in Verbindung zu setzen, damit ___ ___ Gewinn bald in den Händen halten können. Und danken ___ ___ Tochter für ___ Einfall, den Coupon für ___ auszufüllen.

Mit freundlichen Grüßen

Walter Möbelbauer

ÜBUNG 7 **Groß oder klein? Unterscheide zwischen dem Infinitiv des Verbs und einer Substantivierung. Ergänze jeweils den ersten Buchstaben.**

1. Leider kam mein Vater zu spät zum ___ssen. Deshalb begannen wir schon vor ihm zu ___ssen.
2. Vergeblich versuchten wir zu ___tricken. Zum ___tricken haben wir einfach kein Talent.
3. Das ___esen fällt vielen Kindern zunächst schwer, doch Katrin begann sofort zu ___esen.
4. Es ist Kindern verboten, auf der Baustelle zu ___pielen. Zum ___pielen ist es dort zu gefährlich.
5. Beim Konzert der „sagenhaften Sechs“ hörten die weiblichen Fans nicht auf zu ___chreien. Vom ___chreien waren sie bald heiser.

ÜBEN

6.2 Kurze und lange Vokale

Man unterscheidet zwischen **kurz** und **lang gesprochenen Vokalen**. Sie werden in Wörterbüchern mit einem Punkt (kurzer betonter Vokal) bzw. einem Strich unter dem Vokal (langer betonter Vokal) gekennzeichnet.	*Kurzer Vokal:* Stadt – fremd – Imbiss – Ort – Murmeltier – Qualle – bitte – offen *Langer Vokal:* Reh – früh – Moos – Regel – Scham – Tor – rudern – Süden

Kurze Vokale

Nach einem kurzen **betonten** Vokal folgen meist zwei Konsonanten. ■ Das können zwei verschiedene Konsonanten sein (1). ■ Hört man nur einen Konsonanten, wird dieser in der Regel verdoppelt (Doppelkonsonant). Man sagt, der Vokal erfährt eine **Schärfung** (2).	(1) La**nd** – Ta**nt**e – To**pf** – Schra**nk** – He**ft** – Ki**st**e –Stu**nd**e – Vo**lk** (2) kna**rr**en – ne**tt** – kli**rr**en – ko**mm**en – blu**bb**ern – ba**gg**ern – ne**nn**en – Ti**pp** – ho**ff**en – kru**mm** – kla**pp**ern – ke**nn**en – kü**ss**en – Mo**tt**e – vo**ll** – kna**ll**en
Nach einem kurzen betonten Vokal kann auch ein Laut folgen, der mit mehreren Buchstaben geschrieben wird: *-chs, -ch, -ng, -sch*.	Fu**chs** – Da**ch** – Di**ng** – Ti**sch**
Es gibt zwei **Ausnahmen** bei der Konsonantenverdoppelung nach kurzem betontem Vokal: ■ statt *kk* schreibt man *ck*; ■ statt *zz* schreibt man *tz*.	ba**ck**en – kna**ck**en – Dre**ck** – Fle**ck** – di**ck** – lo**ck**er – Spu**ck**e – drü**ck**en kra**tz**en – schma**tz**en – he**tz**en – se**tz**en – Wi**tz** – spi**tz** – pro**tz**ig – nu**tz**en
Achtung: Bei Fremdwörtern, die ins Deutsche übernommen wurden, musst du beachten: ■ Hier können die Doppelkonsonanten *kk* und *zz* auftreten. ■ Hier steht oftmals nur ein einfaches *k* nach kurzem betontem Vokal.	Mo**kk**a – Sa**kk**o Pi**zz**a – Ski**zz**e Kriti**k** – Physi**k** – Mathemati**k** – Arti**k**el

WISSEN

Lange Vokale

Die meisten betonten Vokale *(a, e, o, u)* werden ohne ein besonderes Dehnungszeichen lang gesprochen. Auf einen langen Vokal folgt in der Grundform des Wortes ein einzelner Konsonant.	hören – holen – lesen – malen leben – er lebte
Manche Wörter haben zur Kennzeichnung der Vokallänge ein sogenanntes **Dehnungs-h**. In verwandten Wörtern bleibt das Dehnungs-h meist erhalten. Es steht besonders häufig (aber nicht immer!) vor *l*, m, *n*, *r*.	Mehl – Sahne – Sohle – Schuh Lohn – Löhne – Tagelöhner – belohnen Zahl – Stuhl – nehmen – Rahm – dehnen – Sohn – bohren – wohnen – Uhr – fahren
Bei anderen Wörtern wird die Länge des Vokals durch einen **Doppelvokal** angezeigt. Allerdings gilt dies nur für die Vokale *a*, *e* und *o*. In verwandten Wörtern bleibt die Vokalverdoppelung erhalten, außer wenn Umlaute entstehen.	Aal – Seele – Moos Klee – Kleeblatt – Kleesaat Saal – Saalbau – *aber:* Sälchen Paar – Paartanz – *aber:* Pärchen
Der **lange i-Laut** wird meistens durch *ie* wiedergegeben. Nur in sehr wenigen Wörtern steht das lange i mit Dehnungs-h. Wörter mit lang gesprochenem i ohne Dehnungszeichen sind zwar die Ausnahme, werden aber sehr häufig benutzt. Diese musst du dir besonders einprägen. Die meisten Wörter mit langem i-Laut ohne Dehnungszeichen sind Fremd- oder Lehnwörter.	Liebe – spielen – kriegen – niemand ihr – ihm – ihnen wir – mir – dir Maschine – Tiger – Augenlid
Merke: Die beiden Wörter *wider* und *wieder* werden häufig verwechselt. Um sie richtig zu schreiben, musst du ihre Bedeutung unterscheiden: ▪ **wieder** im Sinne von *erneut*, *noch einmal* oder *zurück*, ▪ **wider** im Sinne von *gegen*.	**wieder**kommen = *noch einmal kommen, zurückkommen* **wider**sprechen = *gegen etwas oder jemanden sprechen*

WISSEN

ÜBUNG 8 Kurz oder lang? Unterstreiche jeweils den betonten Vokal und bestimme seine Länge. Trage die Wörter in die entsprechende Tabellenspalte ein.

Blume – sieben – Locke – Witz – malen – Rose – List – rot – Sonne – nehmen – Wand – rufen – bunt

Langer Vokal	Kurzer Vokal

ÜBUNG 9 Bilde Wortfamilien: Schreibe dazu möglichst viele Wörter von verschiedenen Wortarten zu den jeweiligen Grundwörtern in dein Übungsheft.

1. hören 2. nehmen 3. viel 4. nahe 5. Segen 6. Haar

ÜBUNG 10 Bilde zusammengesetzte Wörter. Ein Bestandteil soll immer ein Wort mit Doppelvokal sein – egal, ob im vorderen oder im hinteren Wortteil. Achtung: Am Ende sollen alle Wörter verwendet worden sein!

Beeren	Personen	
Schnee	Tasse	
Saal	Mann	
Speer	Huhn	
Moor	Wurf	
Kaffee	Schaufel	
See	Obst	
Waage	Ball	

ÜBUNG 11 In dem Buchstabenquadrat sind senkrecht und waagrecht elf Wörter mit Doppelkonsonanten versteckt. Umrahme sie farbig! Achte auf die Sonderregel für das verdoppelte k und das verdoppelte z.

R	U	M	M	E	L	F	S	C	H	P	A	S
R	O	O	T	V	Q	D	C	H	X	A	W	T
E	M	T	A	G	I	J	H	S	Q	P	Z	I
S	B	T	R	U	Y	U	W	L	L	P	H	M
T	K	E	T	T	E	I	I	F	N	E	R	M
A	Y	E	A	E	T	I	M	G	R	E	V	E
M	K	L	N	E	B	O	M	U	R	C	E	N
P	E	N	N	R	F	L	B	A	B	U	L	A
E	N	W	E	E	K	K	A	T	Z	E	F	N
L	K	I	N	N	H	L	D	E	R	C	E	L
U	L	E	N	B	E	L	R	I	S	K	I	C
H	T	K	D	E	C	K	E	L	E	E	P	R
V	P	O	Z	K	B	L	E	V	E	X	H	A

ÜBUNG 12 Bilde möglichst viele Wörter zu den folgenden drei Stammsilben.

-atz- -itz- -eck-

WISSEN +

Wortzusammensetzungen mit ***wieder*** werden
- im Sinne von *nochmals, erneut* **getrennt geschrieben**,
- im Sinne von *zurück* **zusammengeschrieben**.

Das werde ich nie **wieder tun**.

Das werde ich dir **wiedergeben**.

Wortzusammensetzungen mit ***wider*** (im Sinne von *gegen*) werden immer **zusammengeschrieben**.

Sie konnten sich dem Einfluss des Herrschers nicht **widersetzen**.

ÜBUNG 13 Unterscheide *wieder* (im Sinne von *zurück*) und *wider* (im Sinne von *gegen*). Bilde dazu zusammengesetzte Verben aus den folgenden Infinitiven. Schreibe in deinem Übungsheft zunächst alle Verben auf, die mit *wider-* beginnen, dann alle mit *wieder-*.

geben - holen - sprechen - herstellen - bringen - stehen - legen - spiegeln - rufen

ÜBUNG 14 Mit oder ohne Dehnungs-h? Ergänze die Lücken: Entscheide, ob der betonte Vokal mit Dehnungs-h stehen muss. Wenn kein h gesetzt werden muss, trägst du einen Strich in die Lücke ein.

Einst le __ bten in den Wäldern Irlands gefürchtete Die __ besbanden, die sich darauf verle __ gt hatten, reichen Da __ men i __ re Juwe __ len zu ste __ len. O __ ne Vorwa __ rnung na __ men sie den Reisenden i __ re Kutschen ab und lie __ ferten sie den Gefa __ ren der Wälder aus. Die meisten Besto __ lenen we __ rten sich nicht und fle __ ten nicht um Gna __ de. Sie hatten wo __ l auch keine andere Wa __ l.

WISSEN

In der Vorsilbe *ur-* und den Nachsilben *-tum, -sal, -bar* und *-sam* werden die Vokale zwar lang gesprochen, es stehen aber keine Dehnungszeichen.

Urlaub – uralt – Reichtum – Irrtum – Schicksal – Scheusal – machbar – erreichbar – langsam – empfindsam

ÜBUNG 15 Bilde aus den folgenden Wörtern Adjektive und Substantive mit der Vorsilbe *ur-* oder den Nachsilben *-tum, -sal, -bar, -sam* und trage sie in eine Tabelle in deinem Übungsheft ein. Manche Wörter lassen sich in mehrere Spalten eintragen.

Sprung - Christen - mühen - fahren - Wunder - selten - lang - alt - Frucht - schicken - Alter - ehren - rinnen - Furcht - genießen - Zeit

Ur- / ur-	-tum	-sal	-bar	-sam
Ursprung	Christentum			

6.3 Schreibung der s-Laute

Die Schreibung der s-Laute gilt als schwierig, da es für einen einzigen Laut im Deutschen drei Schreibungen gibt: *s*, *ss* und *ß*.	Hose – Dose – Nase – Hase – düsen Kissen – küssen – Biss – Tasse – Schluss Floß – Soße – Fleiß – Maß – vergaß – besaß
Nach einem **Konsonanten** steht immer ein einfaches ***s***.	Erbse – Pinsel – Gans – Wurst – bremsen
Stimmhaft (weich) gesprochene s-Laute stehen immer mit einfachem ***s***.	Rosen – Rasen – lesen – Besen – Musik
Stimmlos (hart) gesprochene s-Laute werden mit einfachem ***s*** geschrieben, wenn bei **Verlängerung** des Wortes ein **stimmhafter** s-Laut gesprochen wird.	Glas – Gläser Eis – eisig Moos – Moose
Ein ***ß*** steht nur nach einem **langen Vokal** oder **Diphthong** (Doppelvokal), wenn der s-Laut **stimmlos** (hart) gesprochen wird.	groß – Fuß – Spaß – schließen – süß heiß – Strauß – scheußlich – äußern
Der Doppelkonsonant *ss* steht nach einem **kurzen Vokal** am Ende des Wortstammes. *Achtung:* Steht der s-Laut zwischen einem kurzen Vokal und *t*, musst du genau prüfen, wo der Wortstamm endet!	Schloss – gewiss – Kass-e – ess-en – wuss-te – geküss-t gefass-t – vergess-t Ast – rest-lich – hast-ig
Wenn sich bei verwandten Wörtern die Länge oder Kürze des Vokals vor dem s-Laut ändert, schreibst du entsprechend nach kurzem Vokal *ss*, nach langem Vokal und Diphthong *ß*.	lassen – er ließ vergessen – sie vergaß gießen – er goss schießen – geschossen reißen – gerissen
Merke: Die Substantiv-Endung *-nis* wird im Plural zu *-nisse*. Bei einzelnen Substantiven verdoppelt sich im Plural das *s* am Wortende.	Ereignis – Ereignisse Erlebnis – Erlebnisse Gefängnis – Gefängnisse Kürbis – Kürbisse Bus – Busse

ÜBUNG 16 **Schreibe die Wörter so in die Kästchen, dass sich in den grünen Feldern das jeweilige Lösungswort ergibt (Achtung: *ß* ist in dieser Übung als ein Buchstabe einzutragen).**

1. Eine Hülsenfrucht: ______ Lösungswort

Riese							
Greis							
Biss							
Fluss							
Hose							

2. Haus des Königs: ______ Lösungswort

Losen											
Schließen											
Geheimnis											
floss											
Floß											
Wissen											
Genuss											

3. Verkehrsweg: ______ Lösungswort

Nass							
Iltis							
Kürbis							
Klasse							
Maß							
Abreise							

ÜBUNG 17 **Trage die abgebildeten Begriffe ein (ß = ein Buchstabe). Die Anfangsbuchstaben ergeben das Lösungswort.**

ÜBUNG 18 **Sortiere nun die gefundenen Wörter aus Übung 17 in die Tabelle ein.**

s	ss	ß

ÜBUNG 19 **Konjugiere die Verben *essen* und *lesen* im Singular.**

	Präsens	Präteritum	Perfekt
essen:			
lesen:			

ÜBEN

ÜBUNG 20 **In den folgenden Sätzen fehlen die s-Laute. Entscheide, ob *s*, *ss* oder *ß* eingesetzt werden muss.**

1. Der Koch mi___t den Zucker für die Nu___so___e ab.
2. Der Mann verga___ zum Schlu___ die Ro___en zu gie___en.
3. Hei___e Wür___tchen i___t mein gro___er Bruder am liebsten.
4. Schlie___lich ra___te der Hund auf die Stra___e und zerri___ die Ho___e.

ÜBUNG 21 **Führe nun ein Eigendiktat zum s-Laut durch oder lasse dir den Text von jemandem diktieren.**

Tipps zum Eigendiktat:
1. Lies den gesamten Text einmal gründlich durch.
2. Decke den Text so ab, dass du nur eine Textzeile siehst.
3. Merke dir diese Textzeile und schreibe sie auswendig in dein Heft.
4. Arbeite dich Satz für Satz bis ans Textende durch.
5. Lies den Text, den du geschrieben hast, noch einmal gründlich durch.
6. Vergleiche deinen Text mit der Vorlage und streiche deine Fehler an.

Das Horoskop

Wassermann:
Lassen Sie bloß die Finger von großen beruflichen Veränderungen. Sie haben sich zwar in letzter Zeit in besonderer Weise durch Ihr Wissen hervorgetan, doch sind die Ergebnisse Ihrer Bemühungen eher dürftig. Lassen Sie aber den Kopf nicht hängen, sondern bauen Sie auf dem Erreichten auf. *(46 Wörter)*

Krebs:
Große Ereignisse werden geschehen, von denen Sie heute noch gar nichts wissen. Aber Sie müssen noch ein bisschen warten. Dann wird das Geheimnis gelüftet. Vielleicht ein neues Familienmitglied, ein Lotteriegewinn oder ein Umzug? Jedenfalls werden die nächsten dreißig Tage ein Erlebnis! *(42 Wörter)*

Waage:
Achten Sie auf Ihre Gesundheit! Sie leiden unter zu viel Stress und ernähren sich nicht richtig. Essen Sie mehr Nüsse, Kartoffelklöße, Kürbisse und Linsen. Und essen Sie mit mehr Genuss und Muße. Jeder Bissen muss langsam gekaut und verdaut werden, sonst werden Sie missmutig. *(47 Wörter)*

Widder:
Sie werden eine Reise tun. Vielleicht machen Sie eine Schiffsreise auf einem großen Fluss oder Sie fahren per Bus durch Asien. Wie Sie sich auch fortbewegen werden, Sie müssen Reißaus vor dem Alltag nehmen. *(35 Wörter)*

Check-up Rechtschreibung

45 Minuten

AUFGABE 1 **Schreibe den Text mit der richtigen Groß- und Kleinschreibung ab.**

GESTERN KAM DER ZIRKUS IN UNSERE STADT. SCHON AM VORTAG HATTEN DIE MÄNNER VOM ZIRKUS DIE PLAKATE AUFGEHÄNGT UND WAREN MIT LAUTSPRECHERN AUF DEM DACH DURCH DIE STADT GEFAHREN: „ACHTUNG, ACHTUNG! AB MORGEN GASTIERT DER ZIRKUS LUFTIKUS IN IHRER STADT. DIE VORSTELLUNGEN SIND JEDEN ABEND UM 20:00 UHR, DIE KINDERVORSTELLUNGEN TÄGLICH UM 16:00 UHR.“ AM NÄCHSTEN TAG BEGANN MAN SOFORT DAMIT, DAS RIESIGE ZELT AUFZUBAUEN. VIELE KINDER SCHAUTEN DER MANNSCHAFT NEUGIERIG BEI IHRER ARBEIT ZU. DAS AUFBAUEN DAUERTE NUR EINEN VORMITTAG, DANN GING ES ENDLICH LOS. ZUR ERSTEN VORSTELLUNG STRAHLTE DEN GÄSTEN VON DER ZIRKUSKUPPEL EIN TIEFES BLAU ENTGEGEN.

AUFGABE 2 **Setze den richtigen s-Laut ein und bilde die Pluralformen.**

Singular		Plural	Singular		Plural
Flo			Flu		
Ergebni			Bi		
Hinderni			Bu		
Kürbi			Ku		
Gru			Klo		

AUFGABE 3 **Setze die fehlenden Buchstaben ein.**

Mark Twain wurde am 30. November 1835 in einem ___ leinen Dorf in Florida geboren. Das Dorf z___ lte nur etwa ___ undert Einw___ ner, sodass die Geburt des kleinen ___ ungen ein gro___ es Ereignis darstellte. D___ ses Dorf hatte nur zwei echte Stra___ en, die übrigen W___ ge waren lediglich Fu___ wege entlang der rie___ igen Mai___ felder. Bei na___ em Wetter überz___ g die Wege ein z___ er Schlamm, bei tro___ enem eine feine Staubschicht. Die meisten Häuser w___ ren einfache Blo___ häuser.

TESTEN

ACHTUNG FEHLER

AUFGABE 4 **Korrigiere im folgenden Text alle Fehler – es sind 21!**

Selbst die kirche war ganz aus Holtz. Der Bolenboden bestand aus grohben Stämmen und wahr nicht mit Teppich bedeckt. Wen jemand zufälig etwas fallen ließ, so verschwand dies auf Nimmerwihdersehen zwischen den Spalten der grossen Bretter. Da die Kirche auf kurzen Holzpflökken stannd, hausten dort unten Schweine, Kazen und Hunde, die den Gottesdienst des Pfarers stöhrten, wenn die Tiere nicht gerade schliefen. An Wochentagen wurde die Kirche als schule benuzt. Es gab auch ein Geschäfft im Dorf, dessen Besizer mein Onkel war. Es war ein sehr Bescheidener laden, in dem es lediglich ein paar Gerätschaften wie Behsen, Äxte, Hacken und dergleichen zu kaufen gab.

AUFGABE 5 **Schreibe den folgenden Text als Schleichdiktat in dein Übungsheft. Versuche, dich nach den farblich gekennzeichneten Sinnabschnitten zu richten.**

Mit dem Schleichdiktat verbesserst du nicht nur deine Rechtschreibung, sondern auch deine Konzentrationsfähigkeit. Und so funktionierts:

1. Lies den Diktattext einmal gründlich durch.
2. Lege den Text an eine Stelle, zu der du vom Arbeitsplatz aus hingehen musst.
3. Merke dir einen überschaubaren Sinnabschnitt, gehe an deinen Arbeitsplatz zurück und schreibe den Text auswendig auf. Arbeite dich so nach Sinnabschnitten durch den gesamten Diktattext.
4. Lies deinen Text noch einmal gründlich durch.
5. Vergleiche deinen Text mit der Vorlage.

Der Rattenfänger
(nach den Brüdern Grimm)

Der Rattenfänger kennt einen gewissen Ton, den braucht er bloß zu pfeifen, dann ziehen ihm alle Ratten dorthin nach, wo er sie haben will. Einmal konnte die Stadt Hameln ihre Ratten gar nicht mehr loswerden. Da ließ man den Rattenfänger holen und versprach ihm guten Lohn, wenn er die Stadt von der Plage befreite. Dieser zog sein Pfeifchen und führte alle Ratten und Mäuse zum Wasser, in das sie hineinstürzten und ertranken. Die Bürger Hamelns aber verweigerten dem Mann den versprochenen Lohn, sodass er verbittert wegging. Eines Tages erschien der Mann wieder, diesmal allerdings in Gestalt eines Jägers. Wieder ließ er seine Pfeife in den Gassen ertönen. Alsbald kamen alle Kinder der Stadt aus den Häusern, Jungen und Mädchen folgten dem Spielmann nach. Er führte sie alle hinaus in einen Berg, wo er verschwand.

TESTEN

Zeichensetzung

7.1 Satzarten – Satzschlusszeichen

Am Ende eines Satzes steht ein **Satzschlusszeichen**. Mithilfe von Punkt, Frage- oder Ausrufezeichen wird ein Text übersichtlicher und leichter lesbar.	*Aussagesatz:* Harry holt den Wagen. *Fragesatz:* Harry, holst du mal den Wagen? *Aufforderungssatz:* Harry, hol bitte den Wagen!
Am Ende eines abgeschlossenen und vollständigen Satzes, der aus mindestens einem Subjekt und einem Prädikat bestehen muss, steht ein **Punkt.** Der folgende Satz beginnt wieder mit einem Großbuchstaben.	Stefan trinkt eine Tasse Kaffee. Harry parkt ein.
Achtung: Überschriften schließen nie mit einem Punkt!	Überfall auf hilflose Rentnerin
Ausrufe, Aufforderungen, Befehle und Anreden werden mit einem **Ausrufezeichen** abgeschlossen.	Ach Stefan, trink doch erst mal einen Kaffee!
Auch besonders wichtige Aussagen können durch den Gebrauch eines Ausrufezeichens hervorgehoben werden.	Du bist mir der liebste Mensch auf Erden!
Am Ende eines Fragesatzes steht ein **Fragezeichen**. Es gibt Fragen, die mit einem Fragewort (z. B. *wer?, wie?, was?, wo?)* beginnen und sogenannte Entscheidungs- oder Satzfragen, die sich durch ihre Wortstellung von einem Aussagesatz unterscheiden (↑ Kap. 5.2).	*Wer* kommt morgen? Kommst du morgen?
Anstatt eines Aufforderungssatzes kannst du oftmals auch einen Frage- oder einen Aussagesatz benutzen.	Hör doch mal! Kannst du nicht hören? Er kann nicht hören.

ÜBUNG 1 **Schreibe den Text ab. Setze dabei nach jedem vollständigen Satz ein passendes Satzschlusszeichen. Denke an die korrekte Schreibung der Satzanfänge.**

SCHENKEN SIE UNS FÜNF MINUTEN AUFMERKSAMKEIT ES GEHT UM DIE SICHERHEIT IHRER KINDER IMMER MEHR KINDER STERBEN IM STRASSENVERKEHR DAS MUSS NICHT SEIN WOLLEN SIE NOCH LÄNGER TATENLOS ZUSEHEN DURCH GESCHWINDIGKEITSBEGRENZUNGEN KÖNNTEN VIELE UNFÄLLE VERMIEDEN WERDEN WIR ELTERN SETZEN UNS DAFÜR EIN MACHEN AUCH SIE BEI UNSERER AKTION MIT

ÜBUNG 2 **Welche der folgenden Sätze sind Fragen? Ergänze in roter Schrift die Fragezeichen, die anderen Satzschlusszeichen in schwarzer Schrift.**

A: Wo warst du gestern

B: Hast du mich gesehen

A: Wie alt ist sie

B: Das geht dich gar nichts an

A: Jetzt sag schon

A: Wer war das

B: Das sage ich dir doch nicht

A: Bist du sauer

B: Warum fragst du

A: Ich meine nur so

ÜBUNG 3 **Ordne die Fragen aus Übung 2 in die Tabelle ein.**

Frage mit einem Fragewort	Satz- bzw. Entscheidungsfrage

ÜBUNG 4 **Setze im folgenden Text die fehlenden Satzschlusszeichen.**

Gullivers Reise nach Liliput (nach Jonathan Swift)

Das Schiff fuhr nach Ostindien und ich hatte als Arzt nicht viel zu tun ___ Doch eines Nachts gerieten wir in einen fürchterlichen Sturm ___ Welch ein Unwetter zog über uns her ___ Nach mehreren Tagen Kampf gegen die Naturgewalten zerbrach die „Antilope“ und versank ___ Was sollte jetzt aus mir werden ___ Ich trieb ohne Hoffnung auf Rettung allein auf den Wellen durch die dunkle Nacht ___ Da, plötzlich fühlte ich Grund unter meinen Füßen ___ Wo war ich ___ Ich stolperte durch den nassen Sand und betrat festen Boden ___ Nirgends sah ich Zeichen menschlichen Lebens ___ Nun, fürs Erste war ich gerettet ___ Beruhigt schlief ich ein ___

Am nächsten Morgen wollte ich mich wohlig in der warmen Sonne räkeln ___ Doch was war das ___ Ich konnte mich nicht bewegen ___ Jetzt wollte ich mich aufsetzen ___ Es misslang ___ Noch nicht einmal den Kopf konnte ich bewegen ___ Was war in der Nacht geschehen ___

Mit langsamen Bewegungen versuchte ich, den Kopf aus seiner seltsamen Starre zu befreien ___ Nach Verlust mehrerer Haare konnte ich den Kopf wenigstens so weit bewegen, dass ich an mir hinunterschauen konnte ___ Ich war von Kopf bis Fuß gefesselt ___ Doch wer hatte dieses Kunststück vollbracht ___

ÜBUNG 5 **Forme den Aufforderungssatz in einen Frage- oder Aussagesatz um. Der Sinn soll dabei derselbe sein.**

1. Aufforderung: Gib mir den Hammer!
   Frage: Könntest du mir bitte den Hammer geben?
2. Aufforderung: Mach mal die Tür auf!
   Aussage: ___
3. Aufforderung: Sei still!
   Frage: ___
4. Aufforderung: Steh endlich auf!
   Aussage: ___
5. Aufforderung: Lies vor!
   Frage: ___

ÜBUNG 8 **Schreibe nach den Stichwörtern ein Rezept für Biskuitrolle in ganzen Sätzen. Achte auf die richtige Kommasetzung!**

Zutaten:
4 Eier – 150 g Zucker – Prise Salz – 2 Esslöffel warmes Wasser – 100 g Mehl – 2 Teelöffel Backpulver – 2 Päckchen Vanillepuddingpulver

Arbeitsschritte:
❶ steif geschlagenes Eiweiß – Zucker – Salz – Wasser – in Schüssel – mit Mixer schaumig rühren – ❷ vorsichtig mit dem Eigelb verrühren – ❸ Mehl – Backpulver – Puddingpulver – sieben – mischen – vorsichtig mit Eier-Zuckermasse verrühren – ❹ Teig auf Backblech gleichmäßig verteilen – 20 Minuten – 180° C backen – ❺ Geschirrtuch zuckern – noch warmen Biskuit darauf stürzen – rollen – auskühlen – ❺ Sahnecreme – Marmelade – Schokocreme – Fruchtquark – füllen

Für die Zubereitung einer Biskuitrolle benötigt man

ÜBUNG 9 **Entscheide, ob ein Komma zwischen die Aufzählungen der Adjektive (rot) gesetzt werden muss.**

Kleine quirlige Kinder laufen meist zu schnell über die Straße. So geschah letzte Woche ein Unfall in Heustadt, wo zwei unvorsichtige Vierjährige die unübersichtliche alte Hauptstraße überqueren wollten. Ohne auf den Verkehr zu achten, rannten sie los, weil sie auf der anderen Straßenseite ein weißes süßes und kleines Kaninchen sahen. Der gerade vorbeifahrende Autofahrer konnte nicht mehr rechtzeitig bremsen, sodass die Kinder mit schweren schmerzenden und langwierigen Verletzungen ins Krankenhaus gebracht werden mussten.

7.3 Zeichensetzung bei wörtlicher Rede

Anführungszeichen, häufig auch „Gänsefüßchen“ genannt, stehen vor und hinter ■ Aussagen, Gedanken und Textstellen, die wörtlich wiedergegeben werden, ■ Überschriften, Titeln, Sprichwörtern und Äußerungen, die nachfolgend aufgenommen werden, ■ Wörtern, die ironisch gemeint sind.	Er sagte: „Morgen schreiben wir eine Deutscharbeit.“ Sie liest gerade „Harry Potter“. Na, das hast du ja „prima“ hingekriegt.
Die **wörtliche Rede** wird in **Anführungszeichen** gesetzt. Weitere Satzzeichen (Komma oder Doppelpunkt) müssen hinzugefügt werden, wenn ein sogenannter Redebegleitsatz zur wörtlichen Rede hinzutritt. Der **Doppelpunkt** steht zwischen einem **vorangestellten Redebegleitsatz** und der wörtlichen Rede.	„Hallo, wie gehts?“ Er sprach**:** „Nein, meine Suppe esse ich nicht!“
Das **Komma** steht zwischen der wörtlichen Rede und einem **nachgestellten Redebegleitsatz**. Auch bei einem Ausrufezeichen oder Fragezeichen am Ende der wörtlichen Rede steht ein Komma vor dem Redebegleitsatz. *Achtung:* Der Schlusspunkt entfällt in der wörtlichen Rede, wenn ein Redebegleitsatz nachgestellt ist.	„Morgen werde ich dich besuchen“, versprach er mir. „Ich will das nicht!“, schimpfte er. „Kann Marie morgen bei uns essen?“, fragte sie.
Ein **eingeschobener Redebegleitsatz** wird in **Kommas** eingeschlossen.	„Morgen früh“, versprach er, „werde ich dir dein Buch zurückgeben.“

Übung 10 **Unterstreiche die Redebegleitsätze.**

Seltsamer Spazierritt (nach Johann Peter Hebel)

Ein Mann reitet auf seinem Esel und lässt seinen Jungen nebenherlaufen. Da kommt ein Wanderer und schaut das Paar verwundert an. „Das ist nicht recht, Vater“, schimpft er, „dass Ihr reitet und den Jungen laufen lasst. Ihr habt stärkere Glieder.“ Da steigt der Vater ab und lässt den Sohn reiten. Wieder kommt ein Wandersmann. Er spricht: „Das ist nicht recht, Junge! Steig ab und lass deinen alten Vater auf den Esel! Du hast jüngere Beine.“ Da saßen beide auf und ritten eine Strecke. Abermals begegnet ihnen ein Wandersmann. „Was für eine Tierquälerei, zwei Kerle und ein so schwaches Tier! Steigt sofort ab!“, ruft er. Da steigen beide wieder ab und gehen neben dem Tier her, der eine links, der andere rechts und in der Mitte der Esel. Schließlich kommt ein vierter Wanderer. „Ihr seid drei kuriose Gesellen“, wundert er sich. „Reicht es denn nicht, wenn zwei zu Fuß gehen?“ Da bindet der Vater dem Esel die vorderen Beine zusammen und der Sohn die hinteren. Sie ziehen einen starken Baumstamm hindurch und tragen den Esel auf den Schultern nach Hause.

Übung 11 **Füge alle fehlenden Satzzeichen ein.**

Aus einem Unterrichtsgespräch über die Geschichte „Seltsamer Spazierritt“:

1. ☐ Mir gefällt die Geschichte überhaupt nicht! ☐ schimpft Peter.
2. ☐ Warum? ☐ fragt Katrin nach. ☐ Ist doch wirklich lustig, dass die beiden sich so durch andere verunsichern lassen. ☐
3. ☐ Und außerdem ☐ fügt Maria hinzu ☐ ist die Vorstellung, dass ein Esel getragen wird, echt komisch. ☐
4. ☐ Aber die ganze Zeit passiert immer dasselbe: Ein Wanderer kommt, ein Wanderer kommt und so weiter ☐ meckert nun auch Tom.
5. ☐ Ach, ihr Jungs habt doch keine Ahnung! ☐ ereifert sich Verena. ☐ Ihr wisst doch gar nicht, was eine gute Geschichte ... ☐
6. Die Lehrerin fällt Verena ins Wort: ☐ Nun mal langsam. Jeder darf hier sagen, wie ihm die Geschichte gefällt. ☐

ÜBEN

ÜBUNG 12 **Lisa, Christopher, Paul und Laura treffen sich am ersten Tag nach den Ferien auf dem Schulhof und berichten über ihre Urlaubserlebnisse. Schreibe dazu ein Gespräch als wörtliche Rede mit Begleitsätzen in dein Übungsheft. Benutze dabei auch die folgenden Informationen zu den vier Freunden:**

Lisa
- lag vier Wochen mit Beinbruch im Krankenhaus
- hat viel gelesen

Christopher
- hat einen Bruder bekommen
- war jeden Tag im Schwimmbad

Paul
- ist in den USA gewesen
- schreibt jede Woche seinem neuen Freund aus Amerika

Laura
- war bei ihrer Oma in Kleinniederheuersfeld
- ihr war langweilig
- hofft auf die nächsten Ferien

WISSEN +

Wenn du in wörtlicher Rede den Redebeitrag eines anderen wiedergeben möchtest, setzt du sogenannte **halbe Anführungszeichen.**

Achtung: Der wiedergegebene Redebeitrag muss wortwörtlich mit den ursprünglichen Worten übereinstimmen!

Julia erzählt ihrer Freundin Anne: „Stell dir vor! Gestern habe ich Jakob getroffen und er hat mich angequatscht: **‚Hallo, Julia! Du siehst aber klasse aus!‘** Und ich bin vielleicht rot geworden!“

ÜBUNG 13 **Verbinde und ergänze die Sätze sinnvoll zu Redebegleitsatz und wörtlicher Rede. Achte genau auf die Zeichensetzung.**

1. Frieda: Meine Mutter schimpft immer mit mir. – Putz dir die Schuhe ab!

2. Zeitung: Die Polizei ließ gestern die frohe Botschaft verkünden und hat dies heute noch einmal bestätigt. – Das verschwundene Mädchen ist wieder aufgetaucht.

3. Kalle: Der Zugführer rief und der Zug setzte sich in Bewegung. – Einsteigen bitte!

Check-up Zeichensetzung

45 Minuten

AUFGABE 1 **Setze die fehlenden Satzschlusszeichen und die Zeichen der wörtlichen Rede ein.**

1. Wenn ich das geahnt hätte, hätte ich dich sicher nicht gehen lassen schimpfte mein Vater
2. Nein betonte der Mann das Geschäft bleibt geschlossen
3. Was willst du fragte ich sie
4. Gib mir mal dein Heft bat mich Klaus
5. Ist es wirklich wahr fragte sie entgeistert dass ihr heiratet
6. Die Köchin rief Das Essen ist fertig
7. Der Lehrer erklärte Der Dativ ist der Wem-Fall
8. Der Dativ fuhr der Lehrer fort ist der Wem-Fall
9. Zweifellos werden wir uns morgen sehen versprach Lisa ihrem Freund
10. Kannst du mir mal helfen bat Helena

AUFGABE 2 **Unterstreiche im folgenden Text die Hauptsätze blau und die Nebensätze grün. Setze, wo nötig, die fehlenden Kommas. Umkreise anschließend die Kommas rot.**

In der Postkutsche nach Weimar (nach Bettina von Arnim)

Als ich im November per Kutsche von Frankfurt nach Weimar reisen wollte nahm ich eine Kammerfrau mit. Es war ein langer beschwerlicher Weg weil die Straßen schlecht waren und überall Räuberbanden lauerten. Bis Hanau kamen wir recht gut voran obgleich unser Pferd gefallen war. Gleich dahinter fing das Unglück aber an.

Obwohl die Nacht schon hereingebrochen war waren wir an zahlreichen Gasthöfen vorbeigefahren da wir die Ausplünderung in diesen Spelunken fürchteten. Da aber blieben wir in einem Loch stecken und mussten uns nun doch ein Quartier suchen wenn wir die Nacht nicht unter freiem Himmel verbringen wollten.

TESTEN

AUFGABE 3 **Ergänze alle fehlenden Satzzeichen.**

Der Wirt eines nahe gelegenen Gasthofes bot uns sofort ein Zimmer an Der Wagen ist hin Ihr müsst morgen einen Schmied holen lassen Doch ich traute dem Wirt nicht So begab ich mich in der Nacht zu unserem Wagen und sah mit Entsetzen wie der Wirt mein Gepäck untersuchte Kaum eine Viertelstunde später saßen wir wieder in unserem Wagen und kämpften uns durch die Nacht

Doch plötzlich stand der Wagen still Was ist denn los fragte meine Kammerfrau den Kutscher Das Pferd ist gestürzt und kann nimmermehr aufstehen antwortete dieser und ging los um Hilfe zu holen So saßen wir zwei Frauen zwei Stunden nach Mitternacht mutterseelenallein mitten in einem großen unheimlichen Wald in unserer Kutsche und warteten auf Hilfe Erst als der Morgen dämmerte kam unser Kutscher mit einem Pferd zurück und wir konnten die beschwerliche Fahrt fortsetzen

AUFGABE 4 **Schreibe das folgende Diktat (z. B. als Schleichdiktat, Partnerdiktat, Kassettendiktat) und setze selbstständig die richtigen Satzzeichen.**

Die beiden Ziegen (nach Albert Ludwig Grimm)

Zwei Ziegen begegneten einander auf einem schmalen Stege, der über einen reißenden, tiefen Waldstrom führte. Die eine wollte hinüber, die andere herüber. „Geh mir aus dem Wege!", sagte die eine. „Das wär mir schön!", rief die andere. „Geh du zurück und lass mich hinüber. Ich war zuerst auf der Brücke!" „Was fällt dir ein?", versetzte die erste. „Ich bin so viel älter als du und sollte dir weichen? Nimmermehr!"

Keine wollte nachgeben. Jede wollte zuerst hinüber, und so kam es vom Zank zum Streit und zu Tätlichkeiten. Sie hielten ihre Hörner vorwärts und rannten zornig gegeneinander. Von dem heftigen Stoßen verloren beide das Gleichgewicht und sie stürzten miteinander von dem schmalen Steg hinab in den reißenden Waldstrom, aus dem sie sich nur mit großer Anstrengung ans Land retteten. *(131 Wörter)*

1 Erzählen

Ü 1 **Erlebniserzählung:** 1, 2, 3, 6, 7, 10, 12, 13, 15
Fantasiegeschichte: 4, 5, 8, 9, 11, 14, 16

Ü 2 **Meine Geburtstagsparty:** Einladungskarten schreiben und verteilen – Grill aus dem Keller holen – Hefeteig für Stockbrot ansetzen – Holzkohle kaufen
Begegnung mit einem Drachen: sumpfiges Gelände – Schwefelgeruch – angekohlte Bäume und Sträucher – furchterregende Geräusche
Die Supermaus: dreißig Käselaiber pro Tag verspeisen – allerdings etwas eitel, bürstet sich jeden Tag zwei Stunden lang das Fell – als Blitzkurier einsetzbar

Ü 3 **Lösungsvorschlag:**
Meine Geburtstagsparty: Musik auflegen – Krach mit den Nachbarn – Lagerfeuer
Begegnung mit einem Drachen: aufsteigender Rauch – grüne Schwanzflosse – Kampf
Die Supermaus: Kamm verloren – noch schnell einen kaufen – Ladenschluss

Ü 4 Die richtige Reihenfolge: 3, 7, 1, 5, 4, 6, 2

Ü 5 **Lösungsvorschlag:**
Gestern habe ich davon geträumt, über Nacht im Zoo eingeschlossen worden zu sein. Um mich vor dem großen Gewitter zu schützen, ging ich ins Tropenhaus. Als ich kurz nach dem Gewitter das Tropenhaus verlassen wollte, war die Ausgangstür verschlossen. Sofort eilte ich zur Eingangstür, aber dort konnte ich auch nicht hinaus. Eindringliches Pochen gegen die Tür und lautes Rufen halfen nichts. Niemand reagierte. Ein Blick auf die Uhr zeigte, dass es bereits nach 18:00 Uhr und ich offensichtlich bis zum nächsten Morgen hier gefangen war. Ich machte mich auf die Suche nach einem Schlafplatz. Hinter dem Kaimanbecken gab es eine kleine, trockene Höhle, zu der ich über einen schmalen Steg gelangen konnte. Als Abendbrot nahm ich drei Orangen mit, die ich von der Aussichtsplattform pflücken konnte. Ich tastete mich vorsichtig über den Steg und versuchte, die Aufmerksamkeit der Kaimane nicht auf mich zu lenken. Solange die Beleuchtung noch an war, hielten die grünen Tiere immer wieder ihre Schnauze aus dem Wasser und beobachteten mich neugierig. Nachdem dann das Licht ausgegangen war, wurden die Fledermäuse in der Höhle aktiv. Vor Aufregung konnte ich kaum schlafen. Offensichtlich sind mir dann doch irgendwann die Augen zugefallen, denn am nächsten Morgen wurde ich durch sanftes Rütteln geweckt. Die Tierpflegerin staunte nicht schlecht, als ich ihr von meinen Erlebnissen berichtete.

Ü 6 **sagen:** rufen, meinen, antworten, erwidern, entgegnen, flüstern, schreien ...
denken: sich etwas durch den Kopf gehen lassen, überlegen, meinen, erwarten, für richtig halten ...
lustig: fröhlich, fidel, munter, komisch, merkwürdig, lächerlich, witzig, heiter, gut gelaunt ...
sich freuen: glücklich sein, zufrieden sein, lachen, strahlen über das ganze Gesicht ...
helfen: behilflich sein, Hilfe leisten, unter die Arme greifen, unterstützen, zur Hand gehen ...
Hindernis: Sperre, Blockade, Hürde, Barriere, Schwierigkeit, Problem ...

Ü 7 Christian: „Mist, so 'ne Chance ...!" – Pia: „Super, jetzt kann ich ...!" – Laura: „Da ist bestimmt ...!" – Chiara: „Hoffentlich ist ihr ...!" – Jonas: „Eigentlich hatte ich ...!"

Ü 8 **Lösungsvorschlag:**
1. „Oh Mist, das wird bestimmt teuer!" –
2. „Oje, die Rutsche ist aber hoch!"
3. „Da habe ich mich wohl verschnitten."
4. „Das muss es jetzt sein, sonst ist das Spiel gelaufen!"

Ü 9 vor lauter Enttäuschung heulen – mit schlotternden Knien ankommen – in klirrender Kälte erfrieren – mit rasanter Geschwindigkeit brausen – vor Aufregung starkes Herzklopfen haben – keinen Finger krumm machen – mit ohrenbetäubender Lautstärke kreischen – einen bitterbösen Blick zuwerfen

Ü 10 **1.** sich täuschen lassen
2. genau hinhören
3. schlagfertig sein
4. etwas plötzlich und unerwartet tun
5. jemanden haben, dem man vertrauen kann

Ü 11 **Wetter:** diesig, neblig, frostig, heiter, schön, heiß
Mittagessen: lecker, würzig, teuer, reichhaltig, heiß, versalzen
Briefträger: fröhlich, heiter, munter, spindeldürr, schön, blond
Traumschloss: prachtvoll, schön, teuer, gläsern
Radrennen: heiter, munter, schön, spannend, umkämpft, anstrengend

Ü 12 **Lösungsvorschlag:**
Gestern ist mir etwas ganz Seltsames passiert. Als ich kurz vor dem Mittagessen zu unserem Briefkasten ging, traf ich unseren Briefträger. Er, der sonst immer so griesgrämig und böse blickte, war fröhlich und heiter und lud mich ein,

mit ihm an einem Radrennen teilzunehmen. Trotz des frostigen und nebligen Wetters schwang ich mich auf mein Rad und wir fuhren zum Start an der Colman-Brücke. Dort waren bestimmt schon hundert Teilnehmerinnen und Teilnehmer versammelt. Das Ziel war die Olfrather Mühle am anderen Ende der Stadt. Für die ersten zehn Gewinner gab es einen teuren MP3-Player zu gewinnen. Nach dem Startschuss radelten wir in hohem Tempo in Richtung Stadtwald. Wegen des diesigen Wetters mussten wir darauf achten, nicht auf die vor uns Radelnden aufzufahren. Als wir den Stadtwald erreichten, hatten wir den Anschluss an die haushoch überlegenen Spitzenreiter bereits verloren. Bis dahin schien mir noch alles ganz normal, aber als wir dann an einem gläsernen Traumschloss vorbeikamen, war ich schon nicht mehr ganz so munter. Ein spindeldürrer Mann winkte uns aus einem Fenster zu und machte uns klar, dass wir ins Schloss kommen sollten. Wir betraten eine prachtvolle Eingangshalle und wurden in einen schönen Speisesaal geleitet. Dort erwartete uns eine ausgelassene Gesellschaft, die an einem reichhaltig gedeckten Tisch saß. Wir nahmen an der Tafel Platz. Eine Schar von Dienern reichte uns würzige und wohl riechende Speisen. Mein Tischnachbar erzählte mir Witze, über die wir schallend lachen mussten. Wir amüsierten uns prächtig. Satt und zufrieden verließen wir das Schloss nach mehreren Stunden. Gestärkt machten wir uns auf zum Ziel. Dabei gelang es uns, die übrigen Teilnehmer und Teilnehmerinnen zu überholen und unter den ersten zehn ins Ziel zu gelangen. So erhielten wir auch noch einen Preis und fuhren danach beschwingt und glücklich heim. Das war sicher eines meiner spannendsten Abenteuer! Nach diesem anstrengenden Wettkampf hatte ich so einen Hunger, dass mir sogar der Erbseneintopf meiner Mutter schmeckte, obwohl er – wie immer – mörderisch heiß und dazu noch versalzen war.

Ü 13 **1.** Sommer **2.** Willi **3.** Mann

Ü 14 **Bild a:** der Hund ist nicht da; alle fragen sich, wo er geblieben ist
Bild b: er bekommt eine Wurst
Bilder c und d: die Familie ist an ihrem Urlaubsort angekommen, der Vater holt die Koffer aus dem Wagen und bringt sie ins Zimmer, der Hund läuft weg
Bild e: an einen Würstchenstand, weil er Hunger hatte
Bild f: sie läuft durch den Ort, am Straßenrand steht ein Mann

Ü 15 **Bild 1** = d **Bild 2** = c **Bild 3** = a
Bild 4 = f **Bild 5** = e **Bild 6** = b

Ü 16 **Sorge:** Kummer, Last, Not, Traurigkeit, Ratlosigkeit, Verzweiflung, Unruhe
Freude: Glücksgefühl, Begeisterung, Jubel, Zufriedenheit, Erleichterung
Hunger: Magenknurren, Appetit, Heißhunger, Kohldampf

Ü 17 **Bild c:** „Super, endlich angekommen!" – „Und wo ist mein Bett?" – „Das wird bestimmt ein toller Urlaub!"
Bild a: „Wo ist Bello?" – „Ist er nach der letzten Rast wieder eingestiegen?" – „Wir müssen ihn unbedingt suchen!"
Bild f: „Jetzt sind wir schon durch den ganzen Ort gelaufen, wo ist er nur?" – „Sollen wir nicht mal bei der Polizei nachfragen?" – „Hoffentlich finden wir ihn wieder!"

Ü 18 Unser Bello ist wirklich ein schlaues Hündchen. Als wir letzten Sommer nach siebenstündiger Fahrt endlich in den Bergen ankamen, waren wir alle froh, am Ziel zu sein. Während wir die Koffer ins Hotelzimmer trugen, hüpfte Bello unbemerkt aus dem Wagen. Wir waren glücklich über unser schönes Zimmer und räumten sofort unsere Koffer aus. Plötzlich fiel mir auf, dass Bello gar nicht da war. Ich erschrak und auch meine Eltern waren besorgt. Sofort ließen wir alles stehen und liegen und gingen ins Dorf. Wir riefen nach Bello und guckten überall nach. Da entdeckte ich unseren Hund, der mit hängender Zunge an der Theke von Willis Wurstbude stand. Offensichtlich war er durch den Geruch angezogen worden und bettelte nun um ein Würstchen. Unser Bello hatte so großen Hunger, dass er sich selbstständig auf die Suche nach etwas Essbarem gemacht hatte. Ich kaufte ihm also ein Würstchen und Bello war erst einmal zufrieden.

Check-up Kapitel 1

A 1 **1.** c **2.** f **3.** d **4.** b **5.** g **6.** a **7.** e **8.** h
Einleitung: c, f
Hauptteil: d, b, g, a
Schluss: e, h

A 2 Ergänzung in dieser Reihenfolge: orangefarbenen – freudig – wunderschön blühenden – neu verputzte – gelb gestrichenen – durchdringende – großer – besorgt blickende – zügig

A 3 Die richtige Reihenfolge:
2, 7, 13, 9, 11, 15, 14, 4, 12, 6, 1, 5, 10, 3, 8

A 4 Lösungsvorschlag:
Gestern Abend spielten wir „Das Nilpferd auf der Achterbahn". Als Erstes bekam meine Schwester die Aufgabe, rückwärts auf einem Bein um den Tisch zu hüpfen. Danach musste mein Vater ein Lied gurgeln, das wir erraten sollten. Er sang „Hänschen klein", sodass wir aus vollem Halse lachten. Schließlich war ich an der Reihe und musste fünf Begriffe nennen, die mit C anfangen. Die anderen rieten mit und halfen mir. Nachdem wir gegen 22 Uhr aufgehört hatten zu spielen, fielen wir todmüde ins Bett.

A 5 Lösungsvorschlag:
1. ziemlich: Ich bekam riesige Angst. **sehr:** Ich dachte, gleich ist es vorbei!
2. ziemlich: Er begann mir wirklich auf die Nerven zu gehen. **sehr:** Ich wurde rasend vor Zorn!
3. ziemlich: Mir rutschte das Herz in die Hose! **sehr:** Ich wusste nicht mehr ein noch aus vor lauter Angst.

A 6 Lösungsvorschlag:
So etwas ist mir aber auch noch nie passiert. Obwohl ich gut auf die Mathearbeit vorbereitet war und mich auch putzmunter gefühlt habe, muss ich die Arbeit in der nächsten Woche nachschreiben. Warum?
Als gestern der Wecker klingelte, bin ich wie immer nur mühsam aus dem Bett gekommen, aber nach dem Duschen war ich endlich wach. Ich ging also zum Frühstück und machte mich dann fertig für den Schulweg. Kaum war ich auf der Straße, fiel mir ein, dass ich noch einmal nach meinem Matheheft gucken sollte. Die Beyer, meine Lehrerin, ist nämlich eine ganz Strenge, mit der verscherzt man es sich am besten nicht. Und klar: Ich hatte es vergessen! Ich bin also wie der Blitz zurück ins Haus gerannt, in mein Zimmer. Zum Glück fand ich das Heft gleich! Aber dann entdeckte ich noch etwas: Pucki, mein Meerschweinchen, war irgendwie entwischt! Ich suchte es im ganzen Zimmer, bis ich es gefunden hatte. Es hatte sich unter meinem Bett verkrochen, dort konnte es unmöglich den ganzen Tag bleiben. Aber wie sollte ich es wieder aus seinem Versteck locken? Ich probierte es mit Pfeifen und mit gutem Zureden: „Pucki-Schnucki, komm doch raus!" Aber nichts half. Dann kam ich darauf, es mit seiner Lieblingsspeise zu füttern. Ich rannte also in den Keller und schaute nach, ob im Gemüseregal noch eine Schlangengurke zu bekommen war, Glück gehabt! Dann in die Küche: Es musste etwas von dem Nussmus, das meine Mutter immer zum Backen gebrauchte, her. Auch das war zum Glück kein Problem. Kaum hatte ich Pucki die Gurkenscheiben mit Nussmus angeboten, kam er auch schon unter dem Bett hervor, ließ sich ohne Weiteres einfangen und zurück in den Käfig sperren.
Ich bin wieder losgerannt, um noch einigermaßen pünktlich zur Mathearbeit zu kommen, aber natürlich war der Bus schon weg. Das hieß: eine halbe Stunde Verspätung. Sicher hat Frau Beyer meine Geschichte für eine ganz faule Ausrede gehalten und wahrscheinlich wird die Arbeit nächste Woche viel schwieriger. Aber hätte ich Pucki im Stich lassen sollen?

2 Beschreiben

Ü 1 **1.** Satz b) ist der beste, weil der Gegenstand genau benannt wird.
2. Satz b) ist der beste, weil erwähnt wird, dass eine Bratpfanne beschrieben wird.
3. Satz c) ist der beste, weil auch die Funktion des Stuhls erwähnt wird.

Ü 2 Reihenfolge (von oben nach unten):
1=f, 2=i, 3=d, 4=h, 5=a, 6=c, 7=g, 8=b, 9=e

Ü 3 **Lösungsvorschlag:** Im Folgenden beschreibe ich einen Bürostuhl. – Der Stuhl ist mit grünem Stoff bezogen. – Man kann ihn leicht hin und her bewegen, weil er auf fünf Rollen steht. – Auch die Armlehnen sind ganz mit grünem Stoff bezogen. – Man kann die Sitzhöhe des Stuhls (mit einem Hebel) verstellen.

Ü 4 eine Schreib- und Maltafel für Kinder – Die Tafel ist insgesamt 1,19 Meter hoch ... – Sie ist aus schwarzem Material hergestellt ... – Um die Schreibfläche herum ist ein Rahmen ... – Auf der Höhe von etwa 45 Zentimetern befindet sich ... – Diese Schreib- und Maltafel scheint besonders für Kinder ...

Ü 5 **1.** Ein reguläres Fußballfeld ist 105 m lang und 75 m breit.
2. Opa Hermann hat drei Töchter, zwei Söhne und 14 Enkelkinder.
3. Zu meinem Geburtstag kommen sieben Gäste und es gibt vier Torten.

Ü 6 **a)** **1.** Schreibtischleuchte **2.** lackiertes Metall **3.** schwarz **4.** verstellbarer Leuchtenkopf **5.** Beleuchtung von Arbeitsplätzen, insbesondere Schreibtischen
b) **1.** rund (flacher Zylinder) – Durchmesser: ca. 20 cm, Höhe: etwa 3 cm **2.** flexibler Arm aus Metall, Länge: ca. 40 cm **3.** glockenförmig – Durchmesser an der breitesten Stelle: ca. 15 cm

c) Ich beschreibe eine Schreibtischleuchte. Sie besteht aus dunkel lackiertem Metall. Die Lampe steht auf einem zylindrischen Fuß, der einen Durchmesser von etwa 20 cm und eine Höhe von etwa 3 cm hat. Auf diesem Fuß ist auf einer Erhöhung ein flexibler, ca. 40 cm langer Arm befestigt. Der Leuchtenkopf kann damit in viele verschiedene Positionen gebracht werden. Der Arm trägt den eigentlichen Leuchtenkopf, der in derselben Farbe lackiert ist und die Form einer Glocke hat. An seiner breitesten Stelle misst der Leuchtenkopf etwa 15 cm.

Ü 7 **1.** Vor mir liegt ein Bild, auf dem eine etwa 45 Jahre alte Frau abgebildet ist, die mit ihrer rechten Hand einen Schrankgriff anfasst.
2. Auf dem Bild ist eine Frau im Alter von etwa 35 Jahren zu sehen, die auf einem Rasen vor einem Holzgebäude steht.
3. Auf dem vor mir liegenden Bild sehe ich einen etwa 30-jährigen Mann, der einen blauen Wanderanorak und einen Rucksack trägt.
4. Im Folgenden beschreibe ich einen etwa zwölfjährigen Jungen, der ein buntes Ringel-T-Shirt und eine blaue Jeans trägt.

Ü 8 **Bild 1** (Frau, 45 Jahre): 1, 5, 6, 16
Bild 2 (Frau, 35 Jahre): 3, 10, 11, 13, 15
Bild 3 (Wanderer): 4, 8, 9, 14
Bild 4 (Junge): 2, 7, 12

Ü 9 **Bild 1:** elegante Kleidung – ein kleines Lächeln
Bild 2: sommerliche Freizeitkleidung – dunkle, nackenlange Haare, die ins Gesicht fallen
Bild 3: trägt großen, rotbraunen Rucksack mit Metallgestell – blauer Wanderanorak

Ü 10 **Bild 1:** elegante Dame
Bild 2: Frau im Sommerurlaub
Bild 3: junger Mann auf Wanderung

Ü 11 **a)** Stichpunkte: Junge; 13 Jahre; 1,60 m groß; Frisur unter Mütze versteckt; Haarfarbe nicht erkennbar; rechte Hand nach vorne gestreckt, die linke Hand baumelt; längliches Gesicht; ein wenig missmutig schauend; groß; nein; roter Anorak mit weißem Streifen und grauen Schultern, hellgraue Hose.
b) Im Folgenden beschreibe ich einen 13-jährigen Jungen.
c) Der Junge hat einen länglichen Kopf. Da er ernst schaut, wirken die Lippen eher schmal. Der Mund ist geschlossen. Er trägt eine graue Wollmütze, die Haare und Ohren vollständig bedeckt.
Der Gesichtsausdruck lässt vermuten, dass der Junge im Moment nicht gut gelaunt ist. Er geht auf einer regennassen Straße. Der Junge hat die rechte Hand nach vorne gestreckt. An dieser Hand trägt er einen grauen Fingerhandschuh. Die linke Hand lässt er baumeln, sie hält den anderen Handschuh. Der Junge ist mit einem roten Anorak bekleidet, der im Brustbereich und an den Amen einen weißen Streifen hat. Im Schulterbereich ist er grau abgesetzt. Der Reißverschluss ist geschlossen und durch eine Leiste verdeckt. Er hat eine hellgraue Hose an mit einer aufgesetzten Tasche in Höhe des linken Knies. An den Füßen trägt er feste graue Schuhe.
d) Der Junge wirkt auf mich ein wenig missmutig, vielleicht wegen des Regens.

Ü 12 Ergänzung in dieser Reihenfolge: Zuerst – anschließend – daraufhin – nun – danach – im Anschluss daran – zum Schluss

Ü 13 **1.** Einkaufen: Ware bezahlen
2. CD abspielen: Musik hören
3. Schuhe putzen: Schuhputzzeug holen
4. Hausaufgaben machen: Aufgabenstellung lesen / Aufgabe gründlich vorbereiten

Ü 14 **Lösungsvorschlag:**
Zunächst werden die Kartoffeln gewaschen, geschält und in Scheiben geschnitten. Im Anschluss daran gibt man etwa 20 ml Öl in eine Pfanne und erhitzt dieses. Die Kartoffelscheiben werden in das heiße Öl gegeben. Danach kann man die Kartoffeln nach Geschmack mit Salz, Pfeffer oder Paprika würzen. Die Kartoffelscheiben werden bei großer Hitze goldgelb gebraten, dabei sollten sie von Zeit zu Zeit gewendet werden.

Ü 15 **1.** Kuchen backen: **a)** Zutaten einkaufen **b)** Teig rühren **c)** Ofen vorheizen **d)** Form in den Ofen schieben
2. Halma spielen: **a)** Spielesammlung hervorholen **b)** Spielbrett auf den Tisch legen **c)** Spielfiguren aufstellen d) den ersten Spielzug machen
3. Elfmeter schießen: **a)** Ball nehmen **b)** auf den Punkt legen **c)** Anlauf nehmen **d)** Tor erzielen
4. Fahrkarte kaufen: a) zum Automaten gehen **b)** Fahrziel aussuchen, Fahrpreis herausfinden **c)** Geld einwerfen **d)** Fahrkarte entnehmen

Ü 16 Ergänzung in dieser Reihenfolge: Bodenstaubsauger – 80 cm langen, 40 cm breiten und 30 cm hohen – durch drei an der Unterseite angebrachte Rollen – durch einen etwa 1 m langen, biegsamen Schlauch – auf der Oberseite des Saugfußes – zum Tragen des Staubsaugers – zum Einstellen der Saugkraft – ein Motor im Inneren des Bodengeräts – auf den Bodensauger – durch das Saugrohr und den Saugschlauch

Check-up Kapitel 2

A 1 1. **Gefühle vermitteln** gehört zum Erzählen, nicht zum Beschreiben.
2. **Handlungsanweisung** gehört zur Vorgangsbeschreibung, die anderen Begriffe zur Personenbeschreibung.
3. **Allgemeine Erscheinung** gehört zur Personenbeschreibung, die anderen Begriffe zur Vorgangsbeschreibung.
4. **Spannung erzeugen** gehört zum Erzählen, nicht zum Beschreiben.

A 2 **Vorbereitung:** Reise buchen, Grammatik pauken, Gitarre stimmen
Durchführung: mit der Bahn fahren, bei der Klassenarbeit konzentriert arbeiten, vor großem Publikum auftreten
Ergebnis: Erholung pur genießen, gute Note bekommen, riesigen Applaus ernten

A 3 1. Der abgebildete Mann trägt außergewöhnlich bunte Kleidung.
2. Zunächst gibt man 20 Gramm Butter in die Pfanne und lässt sie bei geringer Hitze zergehen.
3. Das Handy ist sehr vielseitig, außer als Telefon kann man es auch als Digitalkamera sowie als Notizbuch und Terminkalender nutzen.

A 4 Diese Sätze gehören zusammen:
Ich beschreibe jetzt mein **Lineal**. Es ist ein flacher Gegenstand aus Holz. Es ist 4 mm hoch, etwa 3 cm breit und etwas mehr als 20 cm lang. An der oberen Seite hat es eine Skala, auf die im Abstand von je 1 cm etwa 9 mm lange, senkrechte Striche, im Abstand von je 0,5 cm etwa 0,6 mm lange senkrechte Striche und im Abstand von je 1 mm etwa 3 mm lange senkrechte Striche markiert sind. Außerdem sind die Zahlen von 0 bis 20 aufgedruckt. Man benutzt diesen Gegenstand zum Abmessen kleinerer Strecken bzw. zum Ziehen gerader Linien. – Vor mir liegt ein **Tintenlöscher**. Er ist ein zylinderförmiger Gegenstand aus Kunststoff. Er hat einen Durchmesser von etwa 1 cm und eine Länge von etwa 18 cm. An der einen Seite ist eine etwa 2,5 cm lange blaue Kappe auf diesen Gegenstand gesteckt, auf der anderen Seite steckt eine weiße Kappe, die in Form und Größe mit der blauen identisch ist. Man benutzt diesen Gegenstand zum Korrigieren von Schreibfehlern.

A 5 **Lösungsvorschlag:** Im Folgenden beschreibe ich eine Schreib- und Maltafel aus Kunststoff für Kinder. Die Tafel ist etwa 1,30 m hoch und 65 cm breit. Die vier weißen Stützen sind in der Höhe verstellbar. Das blau umrandete weiße Mal- und Schreibfeld misst 50 x 55 cm. Auf ihm kann nur mit einem Spezialstift geschrieben werden. Unter dem Schreibfeld befindet sich auf der ganzen Breite eine Plastiktasche zur Aufbewahrung des Stiftes und des Putztuches.
Diese Schreibtafel eignet sich für Kinder im Vor- und Grundschulalter.

3 Umgang mit Texten

Ü 1 1. die Schafe 2. am Bart und am Geruch 3. in den Gebirgen des Mittleren Ostens und Zentralasiens 4. von den Wildziegen 5. für ihr weiches, warmes Fell 6. der Steinbock

Ü 2 **Madrid:** Hauptstadt, Millionen, Einwohner, Jahrhundert
Kästner: geboren, gestorben, deutsch, humorvoll
Märchen: fantastische, Erzählung, zwischen, Wirklichkeit

Ü 3 **Moslem:** Gläubiger des Islam
Palästina: Bezeichnung für das Gebiet zwischen Mittelmeer und Jordan, in dem der Geburts- und der Sterbeort Jesu liegen
organisieren: einrichten, aufbauen, planen, gestalten
Orient: zu lateinisch oriens = aufgehende Sonne; der Raum der vorderasiatischen Hochkulturen und die islamischen Länder im Nahen Osten und in Nordafrika

Ü 4 Die beiden wichtigsten Sätze:
Die Katzen oder Raubkatzen umfassen ungefähr 40 Arten aus der Gruppe der Raubtiere. – Die europäische Wildkatze unterscheidet sich besonders durch ihre Größe von der Hauskatze, die von der afrikanischen Falbkatze abstammt.

Ü 5 1. falsch 2. falsch 3. falsch 4. richtig 5. richtig 6. falsch 7. richtig

Ü 6 Breiten- und Längengrad – Lage eines Ortes – Breitengrad, wie weit vom Äquator entfernt – Äquator, null Grad – südliche, nördliche Halbkugel

Ü 8 ... um sich einmal um die **Sonne** zu drehen. Ein Jahr umfasst genau **365 Tage** und sechs Stunden. ... Alle vier Jahre fassen wir die **Vierteltage** zu einem **Schalttag** zusammen. Ein solches **Schaltjahr** hat dann 366 Tage. Darum gibt es nur alle vier Jahre einen **29. Februar.**
... die Ägypter die **Länge** des Jahres. Sie bemerkten, dass der **Nil** stets die Ufer überflutete ...

Ü 10 1. Ankerplatz vor dem Hafen 2. festmachen 3. Gesichtsausdruck 4. Wohn- und Aufenthaltsraum auf Schiffen **5.** Mastbäume absägen **6.** ein Loch haben **7.** rückwärts **8.** tapfer **9.** Seil mit einem Schwimmkörper **10.** das Seil fangen

Ü 11 Ergänzung in dieser Reihenfolge: ihren Segelmast abschneiden mussten – unterging – ziellos auf dem Meer herumtrieben – schlug leck – alle Matrosen – das eindringende Wasser – Kapitän – ein Hilfsboot – durch energisches Rudern – gesamten Mannschaft des Schiffs – nur kurze Zeit – sank

Ü 12 Lösungsvorschlag:
Zu Beginn liegt das Schiff an einem Ankerplatz. Dann kommt ein Sturm auf. Dabei werden mehrere andere Schiffe beschädigt. Auch das Schiff von Robinson Crusoe schlägt leck. Deshalb werden alle Matrosen an die Pumpen gerufen. Außerdem lässt der Kapitän Notschüsse abfeuern. Glücklicherweise kommt ein Hilfsboot, das die Mannschaft des Schiffes aufnimmt. Zum Schluss sinkt das Schiff, auf dem Robinson sich vorher befunden hat.

Ü 13 **1.** wie ein wild gewordenes Tier. **2.** waren auf das Schlimmste gefasst. **3.** forderte seine ganze Kraft. **4.** als Rettung in letzter Minute. **5.** mit schwankenden Knien

Ü 14 Lösungsvorschlag:
Robinson Crusoe lag mit dem Schiff, auf dem er arbeitete, vor dem Hafen von Yarmouth fest, als ein Sturm aufkam, der immer heftiger und bedrohlicher wurde. Der Kapitän hatte solche Angst um das Schiff, dass er leise vor sich hin sagte: „Gott sei uns gnädig! Wir sind alle verloren." Die Schiffe in der näheren Umgebung waren bereits schwer beschädigt oder untergegangen, als auch auf seinem Schiff ein Leck und vier Fuß Wasser im Schiffsraum entdeckt wurden. Schnell wurde ein Pumpdienst organisiert und auch Crusoe, der sonst nicht viel helfen konnte, wurde geweckt, um mit anzupacken. Als klar wurde, dass das Wasser immer weiter stieg, wurden Notschüsse als Hilferuf abgegeben. Trotz äußerster Gefahr kam ein Boot so nahe an das Schiff heran, dass die gesamte Mannschaft gerettet werden konnte. Schon eine Viertelstunde, nachdem sie in das zur Hilfe geeilte Boot umgestiegen waren, ging das eigene Schiff unter.

Ü 15 Lösungsvorschlag: Leben: geben, Streben, vergeben, weben, erleben, Reben – **Wellen:** Stellen, fällen, Fellen, Quellen, bellen, Rebellen – **sagen:** fragen, tragen, plagen, klagen, Behagen, Magen – **reisen:** weisen, speisen, leisen, umkreisen, Meisen, Ameisen – **auch:** Bauch, Schlauch, Rauch, Lauch, Strauch, Hauch

Ü 16
Frühling lässt sein blaues Band
Wieder flattern durch die Lüfte;
Süße, wohlbekannte Düfte
Streifen ahnungsvoll das Land.
Veilchen träumen schon,
Wollen balde kommen.
– Horch, von fern ein leiser Harfenton!
Frühling, ja du bist's!
Dich hab ich vernommen!

Im Nebel ruhet noch die Welt,
Noch träumen Wald und Wiesen:
Bald siehst du, wie der Schleier fällt,
Den blauen Himmel unverstellt,
Herbstkräftig die gedämpfte Welt
In warmem Golde fließen.

Ü 17 Lösungsvorschlag: Yanik: „Ich möchte gerne Hähnchen, das kann ich dann mit den Fingern essen."
Angie: „Oh nee, ich möchte es lieber etwas feiner haben. Wie wärs mit dem Italiener um die Ecke?"
Pia: „Aber ich möchte am liebsten Pommes mit Ketschup!"
Vater: „Dann gehen wir also in die Pommesbude?"
Mutter: „Nein, das kommt nicht infrage! Ich möchte einmal gemütlich mit euch zusammensitzen und nicht im Stehen essen."

Ü 18 Reihenfolge der Regieanweisungen: 2, 6, 7, 1, 4, 8, 5, 3

Ü 19 Lösungsvorschlag:
Es war einmal ein Bauerntölpel, der in einem kleinen Dorf lebte. Eines Tages sagte er zu sich selbst, dass ihm sein Leben zu langweilig sei und er sich auf die Suche nach einem großen Schatz machen wolle. Darum ging er in die weite Welt hinaus. Jedem, den er auf seinem Weg traf, erzählte er von seinem Vorhaben und alle blickten ihn ungläubig an. Dann aber traf er einen Schornsteinfegergesellen, der ihm von einem verschlafenen Dorf erzählte, durch das er soeben gezogen war. In diesem Dorf, so sagte der Geselle, gebe es eine alte Mühle und unter dem Mühlstein sei ein Schatz versteckt. Frohen Mutes machte sich der Bauernjunge auf den Weg ins Dorf und schon von Weitem sah er die Mühle. Tölpelig wie er war, hatte er jedoch nicht daran gedacht, dass man einen Mühlstein nicht einfach bewegen kann. Also saß er auf dem Mühlstein und ließ seinen Blick schweifen. Dabei entdeckte er einen goldenen Schlüssel, der jedoch ganz von Staub bedeckt war. Als er diesen Schlüssel in das Schloss am Mühlstein steckte, hob sich dieser wie von Zauberhand ein wenig

in die Höhe und er konnte den Schatzbeutel herausziehen. Und tatsächlich befanden sich darin hundert Dukaten! Mit seinem Schatz machte er sich wieder auf zu seinen Eltern. Unterwegs kaufte er von dem Geld Milch, Brot und Honig, denn er wusste, dass seine alte Mutter sich sehr darüber freuen würde. Er bemerkte bald, dass sich auch nach seinem Einkauf noch hundert Dukaten in seinem Schatzbeutel befanden, also kaufte er auch noch Fleisch und Wein für seinen Vater. Als er nach Hause kam, gab es ein großes Festmahl. Der Bauerntölpel aber behielt sein Geheimnis für sich, niemandem erzählte er von seinem wunderbaren Schatzbeutel. Und so waren er und seine Eltern glücklich und zufrieden bis ans Ende ihrer Tage. Und wenn sie nicht gestorben sind, dann leben sie noch heute.

Check-up Kapitel 3

A 1 Mai – Bienen – Bienenhaus – Tageszeit; Tal – wiege – nieder – Ruh

A 2 **1.** b **2.** c **3.** a

A 3 **Lösungsvorschlag:** Es war einmal ein armes Mädchen, das seine Eltern verloren hatte. Deshalb machte es sich auf den Weg zu seiner Großmutter. Auf dem Weg traf es einen armen Mann, der es bat, ihm sein Brot zu geben, weil er so großen Hunger hatte. Dann traf es eine Frau, der es sein Kopftuch gab, weil sie so kalte Ohren hatte. Nach einiger Zeit lief ihm ein Kind über den Weg, dem gab es sein Kleidchen, weil das Kind gar nichts anzuziehen hatte. Danach trug das arme Mädchen also nichts mehr als sein Hemdchen. So war es auch am späten Abend noch unterwegs, als plötzlich vom Himmel goldene Sterntaler fielen, die es in seinem Hemdchen aufsammelte. Und so lebte es zusammen mit seiner Großmutter noch viele Jahre glücklich.

A 4 **Sachtext:** klare, sachliche Sprache – knapper Text – Informationen – Fremdwörter nachschlagen – Abkürzungen auflösen – Schlüsselwörter herausschreiben
Gedicht: Reimwörter – gleich klingende Schlusssilbe – bildliche Sprache – Strophen – Verse
Dialogtext: Rollenspiel – Szene – Bühnenbild – Regieanweisungen – Kostüme
Märchen: große Aufgabe – Prinzessin – große Belohnung – wunderbare Fähigkeiten – drei Wünsche freihaben –
Fabel: Fuchs – recht kurzer Erzähltext – sprechende Tiere – Lehre vermitteln

4 Wortarten

Ü 1 vgl. Übung 2

Ü 2 Peter, Daniel, Eva, die Großmutter, die Klingel, der Nachmittag, das Warten, die Oma, das Ende, die Liebe, die Kinder, der Kuchen, das Haus, das Kleid, die Enkel, die Geschenke, die Tür

Ü 3 die Jungen, die Blumen, das Mädchen, das Paket, die Dame, das Geschenk, das Buch, die Tiere, der Tag, das Lexikon

Ü 4 **Lebewesen:** Peter, Daniel, Eva, die Großmutter, die Oma, die Kinder, die Enkel, die Jungen, die Blumen, das Mädchen, die Dame, die Tiere
Dinge: die Klingel, der Kuchen, das Haus, das Kleid, die Geschenke, die Tür, das Paket, das Geschenk, das Buch, das Lexikon
Begriffe: der Nachmittag, das Warten, das Ende, die Liebe, der Tag

Ü 5 siehe unten

Ü 6 **auf -e:** Fische, Beine, Scherze, Dinge, Ringe, Stifte, Zweige, Schweine, Hunde usw.
auf -(e)n: Zangen, Ohren, Kerzen, Herzen, Katzen, Gabeln, Fabeln, Blumen usw.
auf -er: Kinder, Rinder, Bilder, Felder, Bretter
auf -s: Omas, Autos, Handys, Babys usw.
mit Umlaut: Büsche, Bücher, Gänse, Räder, Blätter, Tücher, Bäume, Dächer, Körbe, Vögel usw.
nur im Singular: Messer, Löffel, Eimer, Mädchen, Gürtel

Ü 5

		die Mutter	**der Mann**	**das Kind**
	Geschlecht: Genus	Femininum	Maskulinum	Neutrum
Einzahl: Singular	**1. Nominativ**	die Mutter	der Mann	das Kind
	2. Genitiv	der Mutter	des Mannes	des Kindes
	3. Dativ	der Mutter	dem Mann	dem Kind
	4. Akkusativ	die Mutter	den Mann	das Kind
Mehrzahl: Plural	**1. Nominativ**	die Mütter	die Männer	die Kinder
	2. Genitiv	der Mütter	der Männer	der Kinder
	3. Dativ	den Müttern	den Männern	den Kindern
	4. Akkusativ	die Mütter	die Männer	die Kinder

Ü 7 die Pizzen / Pizzas – die Figuren – die Firmen – die Späße – die Zwiebacke / Zwiebäcke – die Alben – die Babys – die Drosseln – die Messer – die Ängste

Ü 8 Kinder: Neutrum, Plural, Nominativ
Großmutter: Femininum, Singular, Nominativ
Enkel: Maskulinum, Plural, Akkusativ
Besuch: Maskulinum, Singular, Dativ
Ausflug: Maskulinum, Singular, Dativ
Tierlexikon: Neutrum, Singular, Nominativ
Erfolg: Maskulinum, Singular, Nominativ
Zoo: Maskulinum, Singular, Akkusativ
Stadt: Femininum, Singular, Genitiv

Ü 9 Er (Pers.) verlässt **sein (Poss.)** Zuhause, weil **seine (Poss.)** Eltern ... hat **er (Pers.)** Probleme: **Seine (Poss.)** Noten ... **seinen (Poss.)** Mitschülern versteht **er (Pers.)** sich ... denkt **er (Pers.)**: **Ich (Pers.)** hau ab! **Wir (Pers.)** lernen ... **Ihr (Pers.)** könnt ... bleibt **er (Pers.)** ... **Er (Pers.)** findet ... erleben **sie (Pers.)** ...

Ü 10 witziger Wörter (Genitiv) – seinen Ohren (Dativ) – den Spitznamen (Akkusativ) – den Hausmeister (Akkusativ) – jede Kleinigkeit (Akkusativ) – seinen Späßen (Dativ) – den Spitznamen (Akkusativ) – Sein Vater (Nominativ) – seiner dummen Scherze (Genitiv) – schlechte Noten (Akkusativ)

Ü 11	Einzahl: Singular	Mehrzahl: Plural
1. Fall: Nominativ	das kleine Kind	die kleinen Kinder
2. Fall: Genitiv	des kleinen Kindes	der kleinen Kinder
3. Fall: Dativ	dem kleinen Kind	den kleinen Kindern
4. Fall: Akkusativ	das kleine Kind	die kleinen Kinder

Ü 12 Ergänzung in dieser Reihenfolge: besten – aufregenden – letzten – großen – schlechtes – fürchterlichen – freundliche – erfahrene – spannendes – kleines – köstlicher – erlebnisreichen – wunderschöne

Ü 13 Lösungsvorschlag:
Meine Deutschlehrerin ist eine große Frau mit blonden, gelockten Haaren. Ihre Kleidung ist modisch und sie trägt eine rote Brille auf ihrer markanten Nase. Ihre Augen sind dunkelgrün und ihre Augenbrauen schmal. Sie lächelt meist freundlich und ist zu allen Schülerinnen und Schülern gerecht. Sie gibt nur wenig Hausaufgaben auf, allerdings kontrolliert sie immer sehr gründlich, ob wir sie auch eigenständig und gewissenhaft erledigt haben.

Ü 14

Adjektiv	**Bezugswort**	**Grundform**
alter	Mann	alt
engen	Wohnung	eng
schönes	Wetter	schön
treuen	Hund	treu
kleine	Stadt	klein
nötigsten	Dinge	nötig
meisten	Spaß	viel!!!
alten	Hund	alt
schönen	Tages	schön
enge	Gasse	eng
kleiner	Junge	klein
prächtigen	Knochen	prächtig

Ü 15

Positiv	**Komparativ**	**Superlativ**
trüb	trüber	am trübsten
früh	früher	am frühesten
fein	feiner	am feinsten

Ü 16 Adjektive: super, prima, gut, einzigartig
steigerbar: gut – Paul kann seine Leistung noch steigern.

Ü 17 Ergänzung in dieser Reihenfolge: bestes (*von:* gut) Kleid – unverheiratete Tante – fernen Afrika – leckeren Kuchen – verwilderten Vorgarten – vielen Jahren – benachteiligten Kindern – langes Gesicht – große Schwester – mehr (*von:* viel) Zeit – fantastische Pläne – neue Schule – wenigen Monaten – anstrengenden, aber sicher erfolgreichen Schulzeit

Ü 18 Lösungsvorschlag:
vorlesen – nachgeben – hintergehen – überschreiten – mitkommen – niederschlagen – beistehen – entgegenlaufen

Ü 19 Singular: ich lauf**e**, du läuf**st**, er/sie/es läuf**t**
Plural: wir lauf**en**, ihr lauf**t**, sie lauf**en**

Ü 20 1. = 2. Person Singular
2. = 2. Person Plural
3. = 1. Person Singular
4. = 3. Person Plural
5. = 3. Person Singular
6. = 1. Person Plural

Ü 21 ich liebe – wir reden – ihr tanzt – du fragst – sie schreiben

Ü 22 Perfekt mit *sein*: ich bin gelaufen, ich bin gegangen, ich bin gereist, ich bin geflogen
Perfekt mit *haben*: ich habe gehabt, ich habe gedacht, ich habe gegessen, ich habe gehalten

Ü 23 Blau zu unterstreichen sind die Sätze: wie es gewöhnlich ist – was er normalerweise nur an Schultagen zu tun hat – Üblicherweise stellt meine Mutter die Milch in die Kühlschranktür – Bis jetzt: Meine Mutter betritt freudestrahlend das Zimmer, öffnet das Fenster und säuselt mir ins Ohr: „Komm, du Faulpelz! Willst du heute gar nicht mehr aufstehen? Das Frühstück ist fertig!" Verwundert hebe ich den Kopf: Nanu, war alles nur ein schlechter Traum?
Alle anderen Sätze müssen rot unterstrichen sein.

Ü 24 **1.** Z **2.** Z **3.** G **4.** Z **5.** G

Ü 25 geht – fleht – helfen – jagt – antwortet – kommt – tun – tobt – fängt – vergräbt

Ü 26 **fragen:** frag(e)!, fragt!
essen: iss!, esst!
lesen: lies!, lest! – geben: gib!, gebt! –
lachen: lach(e)!, lacht!
reden: rede!, redet!

Ü 27 **Lösungsvorschlag:**
Frag bitte deine Mutter! – Frag deine Mutter mal! – Frag zuerst deine Mutter! – Usw.

Ü 28 Ich **kam** gerade aus der Schule und **schaute** mich noch mal nach meinem Freund Fabian um. Deshalb **bemerkte** ich das herankommende Auto auch erst gar nicht. Natürlich **blieb** ich an der roten Ampel stehen. Da **merkte** ich plötzlich, dass hinter mir die anderen Schulkinder **anfingen** zu drängeln. Ich **ging** natürlich gleich auf die Seite, aber irgendwie **schaffte** es der Basti nicht mehr, sich zu halten, und **wurde** voll auf die Straße **geschubst**. Tja, und da **kam** das Auto ...

Ü 29 In dieser Reihenfolge einzukreisen sind:
einmal – und – als – und – vom – bei – von – in – aber – als – beim – und – dass – Und – als – wenn – zurück – ins – dann – zu

Check-up Kapitel 4

A 1 **Substantive:** Fass, Spiel, Kenner, Männer, Schere
Pronomen: ich, mein, wir, ihre
Adjektive: nächtlich, viel, kompliziert, blau
Verben: kennen, unterbieten, raufen, finden

A 2 **1.** deklinierbar **2.** konjugierbar **3.** deklinierbar **4.** deklinierbar **5.** deklinierbar

A 3 siehe unten

A 4 sitzt – lässt – träumt – werde ... planen – bin ... gekommen – waren – geht – erwartet – Fahren – werden sehen – wird ... gefallen – bin ... gereist – schwärme – weiß – hat ... vorgestellt – wird ... werden

A 5 **Präsens:** er sitzt, er lässt, er träumt, er geht, sie erwartet, ich schwärme, er weiß
Präteritum: sie waren
Perfekt: ich bin gekommen, ich bin gereist, er hat sich vorgestellt
Futur: ich werde planen, Sie werden sehen, es wird gefallen, es wird werden
Imperativ: Fahren Sie

A 6 ich lese – ich las – ich lag – ich habe gelegen – er hat gelegen – sie haben gelegen
der Haut – der Haut – dem Müller – den Müllern – die Müller – die Bücher

A 7 **1.** Der **Komparativ** ist kein Kasus.
2. Der **Genitiv** hat nichts mit Steigerung zu tun.
3. Das **Pronomen** hat nichts mit Konjugation zu tun.
4. Der **Imperativ** hat nichts mit Deklination zu tun.

5 Satzglieder

Ü 1 **Lösungsvorschlag:** Gestern Abend traf ich Peters Schwester in der Stadt.

Ü 2 Ich traf gestern Abend Peters Schwester in der Stadt. – In der Stadt traf ich gestern Abend Peters Schwester. – Gestern Abend traf ich in der Stadt Peters Schwester. – Peters Schwester traf ich gestern Abend in der Stadt. – Ich traf gestern Abend in der Stadt Peters Schwester.

Ü 3 Gestern Abend / traf / ich / Peters Schwester / in der Stadt.

Ü 4 **1.** **Sie** besuchen den Kinderspielplatz in der Kirchstraße. **2.** In den Ferien leihe ich **sie** mir immer (dort). **3.** Ohne Zögern beging der Dieb **ihn**. **4.** **Es** ging ihr auf die Nerven.

A3

Singular	Personalpronomen	Präsens (Gegenwart)	Perfekt (1. Vergangenheit)	Präteritum (2. Vergangenheit)	Futur (Zukunft)
1. Pers.	ich	laufe	bin gelaufen	lief	werde laufen
2. Pers.	du	läufst	bist gelaufen	liefst	wirst laufen
3. Pers.	er/sie/es	läuft	ist gelaufen	lief	wird laufen

Ü 5 1. habe 2. haben 3. nagen 4. macht 5. bleibt

Ü 6 1. fährt – bleibt 2. bastelt – nutzt 3. mag – verbringt 4. findet – herstellt

Ü 7 Versuchen – benötigen – lohnt – mahlt – verrührt – siebt – gibt hinzu – verknetet – rollt – setzt – bäckt

Ü 8 1. Anfang Oktober **schreibt** Pia schon ihren Wunschzettel für Weihnachten. (Aussagesatz)
2. **Kann** sie es denn gar nicht mehr **abwarten?** (Entscheidungsfrage)
3. Sie **wünscht** sich von ganzem Herzen einen Computer. (Aussagesatz)
4. Den ganzen Tag **liegt** sie ihrer Mutter in den Ohren: „Bitte, Mama, **schenk** mir einen Computer zu Weihnachten! (Aufforderungssatz)
5. Mein Mathelehrer **sagt** immer: „**Wünscht** euch zum nächsten Fest einen Computer!" (Aufforderungssatz)
6. **Wirst** du meinen Wunsch **erfüllen**? (Entscheidungsfrage)
7. „**Gib** endlich Ruhe!" (Aufforderungssatz), schimpft ihre Mutter. „Schließlich **ist** erst Oktober." (Aussagesatz)

Ü 9 Lösungsvorschlag:
Martina ließ den Kopf hängen: Die Haare, die sie so lange hatte wachsen lassen, waren ab! Ihr Traum von einer Frisur, mit der sie Miss Germany werden könnte, war zerplatzt. Sie war verzweifelt. Konnte sie so nach Hause zurückkehren? Als sie dort ankam, stellte sie sich zuerst vor den Spiegel und dachte darüber nach, welche Frisur ihr jetzt noch stehen würde. Sie kam auf die Idee, dass sie die Haare hochstecken könnte.

Ü 10 1. **der Hausmeister** – Wer baut die große Bühne für das Schulfest schon früh am Morgen auf?
2. **die Schüler** – Wer trifft wenig später ein, um die Buden und Verkaufsstände aufzustellen?
3. **Die Buden** – Was wurde gemeinschaftlich von Schülern, Lehrern und Eltern hergestellt?
4. **alle** – Wer wartet jetzt gespannt auf die ersten Gäste?
5. **Der Erlös des Festes** – Was soll vollständig der Schule zugutekommen?

Ü 11 1. Die Schüler werden gelobt. 2. Die Lehrer tanzen. 3. Das Fest endet.

Ü 12 1. **Die Schminkaktion** – Was?
2. **Die kleinen Kinder** – Wer?
3. **neue Kunden** – Wer?
4. **das Clowngesicht** – Was?
5. **Der Preis von einem Euro pro Kindergesicht** – Was?

Ü 13 die Sonne: sie – Dunkle Regenwolken: Sie – der erste Ferientag: er – die Kinder: sie – Patrick: er – Das neue Buch von Tante Gabi: Es – Patrick: er – dicke Regentropfen: sie – ein Tag im Bett: es – Patrick: er – der Bücherwurm: er – Das dicke Buch: Es

Ü 14 1. dir 2. dir 3. seiner 4. ihr 5. euch 6. unser 7. mir

Ü 15 1. an 2. um

Ü 16 Lösungsvorschlag:
1. einen Brief 2. dir 3. dir einen Brief 4. der Opfer 5. auf dich 6. dem Lehrer zum Geburtstag 7. der Frau die Hand

Ü 17 1. ihre Großmutter (AO) mit einem Geburtstagskuchen (PO)
2. mit einem Überraschungsbesuch (PO)
3. der Großmutter (DO) eine „kurze" Rede (AO)
4. dieser Rede (DO)
5. mit ihren Verwandten und Bekannten (PO)
6. mit einer Rede (PO) bei ihren Gästen (PO)
7. des schönen Tages (GO)

Ü 18 Substantiv: Milch, H-Milch, Frischmilch, Frucht-Milchshakes, Shakes, Banane
Pronomen: sie, ihn, sie

Ü 19 1. Nominativ 2. Akkusativ 3. Genitiv 4. Nominativ 5. Dativ 6. Akkusativ 7. Dativ

Ü 20 1. Ich warte auf den Besuch meines Freundes. 2. Er drückte sich gepflegt aus. 3. Wir kümmerten uns um unsere neue Mitschülerin. 4. Auf der Flucht warf der Dieb seine Beute weg. 5. Die Schüler hatten die Hilfe des Lehrers nötig. 6. Dem Kind wurde das Daumenlutschen abgewöhnt. 7. Der Dieb stahl der Passantin die Tasche.

Check-up Kapitel 5

A 1 Lösungsvorschlag:
1. Heiner nimmt sich des kranken Hundes an. 2. Wir bitten die Lehrerin um die Rückgabe der Arbeit. 3. Ich habe Angst um meinen kranken Hund. 4. Deine beste Freundin Lisa glaubt ihm kein Wort. 5. Der Hund beißt unserem Nachbarn ein Ohr ab. 6. Die armen Menschen bedürfen der Unterstützung. 7. Sie begegnen den Kindern. 8. Die Lehrer achten auf Sauberkeit in der Klasse.

A 2 1. Ich (S) liebe dich (AO).
2. Liebst du (S) mich (AO)?
3. Diese Frage (S) beschäftigte den Jungen (AO) noch lange.
4. Der Junge (S) stellte viele Fragen (AO).
5. Das Mädchen (AO) quälten böse Träume (S).
6. Der Hund (S) verjagt die Katze (AO).

A 3 **Lösungsvorschlag:**
1. Der Maurer baut.
2. Der Maurer baut ein neues Haus.
3. Der neue Walkman gehört meinem Bruder.
4. Ich schenke meiner Oma einen Strauß Blumen.
5. Marco telefoniert mit seiner neuen Freundin.
6. Der Detektiv sucht mit einer Lupe nach einem Beweis.
7. Das Kind fragt den Opa nach einem Eis.

A 4 Ergänzung in dieser Reihenfolge:
herrschte – gibt – vorgeworfen – eingelassen – saß – wartete – erinnerte – verbracht hatte – wurde – eingeführt – Sollte – bedeuten

A 5 Ergänzung in dieser Reihenfolge:
mit ihrer Mutter (PO) – von den Nationalsozialisten (PO) – um ihr Leben (PO) – an die schlimmen Erlebnisse (PO) – den Auftrag (AO) – des völlig verschüchterten Mädchens (GO) – auf diese schwierige Aufgabe (PO) – wenig Zeit (AO) – ihr Vertrauen (AO) – alles (AO)

A 6 Einst / lebte (P) / eine berühmte Heilerin (S). / Viele Menschen (S) / vertrauten (P) / ihrem Wissen (DO). / Drei weise Männer (S) / wollten (P) / den kranken Bürgermeister (AO) / heilen (P). / Jedoch / keiner von ihnen (S) / schaffte (P) / dies (AO). / Da / bat (P) / die Frau des Kranken (S) / die Heilerin (AO) / um Hilfe (PO). / Diese (S) / gab (P) / der Frau (DO) / bereitwillig / die rettende Medizin (AO). / Der Bürgermeister (S) / erholte sich (P) / sofort. / Trotzdem / klagten (P) / die Leute des Dorfes (S) / die Heilerin (AO) / der Gotteslästerung (GO) / an (gehört zu P). / Nun / bedurfte (P) / sie (S) / der Hilfe des Bürgermeisters (GO). / Doch / er (S) / hatte (P) / sie (AO) / vergessen (P).

6 Rechtschreibung

Ü 1 die Menge – der Hai – die Reihe – das Meer – der Wal – der Zahn – der Hai – die Reihe – das Schicksal – der Kragen – der Schmerz – das Herz – das Mitleid – der Hai – die Medizin – die Medizin – der Wal – die Qual

Ü 2 Ergänzung in dieser Reihenfolge:
D/dir – D/dein – D/du – D/deinem – D/du – D/dir – D/deine

Ü 3 Trübsal – Freiheit – Wagnis – Untersuchung – Sauberkeit

Ü 4 1. Auf der Klassenfahrt haben wir **manches besonders Aufregende** erlebt. 2. Aber **das Beste** war die Nachtwanderung im Schnee. 3. Da gab es in unserer Klasse **einige sehr Ängstliche**. 4. Sie glaubten, dass **etwas besonders Unheimliches** passieren würde. 5. **Das ausdauernde Wandern** durch die kalte Winternacht war für einige von uns ziemlich ermüdend. 6. Umso mehr freuten wir uns auf **das Ausschlafen** am nächsten Morgen.

Ü 5 Ergänzung in dieser Reihenfolge:
Zum Herbstanfang – ins Disneyland – Am 20. September – zum ersten Mal – ins Ausland – Beim Kofferpacken – im / vom Amt – Zum Glück – zum Termin – ans Weckerstellen

Ü 6 beglückwünschen Sie – Ihrem Hauptgewinn – dürfen Sie – Ihre Familie – Ihre Tochter – Sie als Empfängerin – bitte Sie – damit Sie – Ihren Gewinn – danken Sie – Ihrer Tochter – ihren Einfall – für Sie

Ü 7 1. zum **E**ssen – zu **e**ssen
2. zu **s**tricken – Zum **S**tricken
3. Das **L**esen – zu **l**esen
4. zu **s**pielen – Zum **S**pielen
5. zu **s**chreien – Vom **S**chreien

Ü 8 **Langer Vokal:** Blume – sieben – malen – Rose – rot – nehmen – rufen
Kurzer Vokal: Locke – Witz – List – Sonne – Wand – bunt

Ü 9 1. **hören:** Hörer, Zuhörer, Hörgerät, Hörfunk, Hörspiel, mithören, überhören, hörenswert, schwerhörig
2. **nehmen:** annehmen, zunehmen, hochnehmen, mitnehmen, unternehmen, Teilnehmer, Benehmen, vornehm
3. **viel:** vielschichtig, vielfältig, Vielzahl, Vielfraß, Vielfalt, vielfach, vielleicht
4. **nahe:** beinahe, hautnah, sich nähern, näher kommen, Nähe, Nahverkehr, Naherholungsgebiet, unnahbar
5. **Segen:** segensreich, Segensworte, einsegnen, absegnen, Segnung, gesegnet
6. **Haar:** Haarband, Haarfarbe, rothaarig, um Haaresbreite, haarsträubend, haarscharf, haarklein, Härchen

Ü 10 Beerenobst, Schneeschaufel, Ballsaal, Speerwurf, Moorhuhn, Kaffeetasse, Seemann, Personenwaage

Ü 11

R	**U**	**M**	**M**	**E**	**L**	F	**S**	C	H	**P**	A	**S**
R	O	**O**	T	V	Q	D	**C**	H	X	**A**	W	**T**
E	M	**T**	A	G	I	J	**H**	S	Q	**P**	Z	**I**
S	B	**T**	R	U	Y	U	**W**	L	L	**P**	H	**M**
T	**K**	**E**	**T**	**T**	**E**	I	**I**	F	N	**E**	R	**M**
A	Y	E	**A**	E	T	I	**M**	G	R	E	V	**E**
M	K	L	**N**	E	B	O	**M**	U	R	C	E	**N**
P	E	N	**N**	R	F	L	**B**	A	B	U	L	A
E	N	W	**E**	E	K	**K**	**A**	**T**	**Z**	**E**	F	N
L	**K**	**I**	**N**	**N**	H	L	**D**	E	R	**C**	E	L
U	L	E	N	B	E	L	R	I	S	**K**	I	C
H	T	K	**D**	**E**	**C**	**K**	**E**	**L**	E	**E**	P	R
V	P	O	Z	K	B	L	E	V	E	X	H	A

Ü 12 Lösungsvorschlag:
-atz-: Platz, platzen, Schatz, Katze, Tatzen, Satz, Glatze, Latz
-itz-: sitzen, blitzen, Besitz, flitzen, kritzeln, Ritze, witzig, Hitze, Glitzer, Spitze
-eck-: Decke, Hecke, verstecken, entdecken, Fleck, Zweck, keck, schmecken

Ü 13 wiedergeben – wiederholen – wiederherstellen – wiederbringen
widersprechen – widerstehen – widerlegen – widerspiegeln – widerrufen

Ü 14 lebten – Diebesbanden – verlegt – Damen – ihre – Juwelen – stehlen – Ohne – Vorwarnung – nahmen – ihre – lieferten – Gefahren – Bestohlenen – wehrten – flehten – Gnade – wohl – Wahl

Ü 15 **Ur-/ur-**: Ursprung, uralt, Urzeit
-tum: Christentum, Altertum
-sal: Mühsal, Schicksal, Rinnsal
-bar: fahrbar, wunderbar, fruchtbar, ehrbar, furchtbar, genießbar
-sam: mühsam, wundersam, seltsam, langsam, furchtsam

Ü 16 **1.** Erbse **2.** Schloss **3.** Straße

Ü 17 **1** Pass **2** Fluss **3** Los **4** Ast **5** Umriss **6** Maß **7** Essen **8** Nüsse **9** Moos **10** Untertasse **11** Spieß
Lösungswort: Pflaumenmus

Ü 18 **s:** Los, Ast, Moos – **ss:** Pass, Fluss, Umriss, Essen, Nüsse, Untertasse, – **ß:** Maß, Spieß

Ü 19 **essen:** ich esse, du isst, er/sie/es isst – ich aß, du aßest, er/sie/es aß – ich habe gegessen, du hast gegessen, er/sie/es hat gegessen
lesen: ich lese, du liest, er/sie/es liest – ich las, du lasest, er/sie/es las – ich habe gelesen, du hast gelesen, er/sie/es hat gelesen

Ü 20 **1.** Der Koch misst den Zucker für die Nusssoße ab.
2. Der Mann vergaß zum Schluss die Rosen zu gießen.
3. Heiße Würstchen isst mein großer Bruder am liebsten.
4. Schließlich raste der Hund auf die Straße und zerriss die Hose.

Check-up Kapitel 6

A 1 Gestern kam der Zirkus in unsere Stadt. Schon am Vortag hatten die Männer vom Zirkus die Plakate aufgehängt und waren mit Lautsprechern auf dem Dach durch die Stadt gefahren: „Achtung, Achtung! Ab morgen gastiert der Zirkus Luftikus in Ihrer Stadt. Die Vorstellungen sind jeden Abend um 20:00 Uhr, die Kindervorstellungen täglich um 16:00 Uhr." Am nächsten Tag begann man sofort damit, das riesige Zelt aufzubauen. Viele Kinder schauten der Mannschaft neugierig bei ihrer Arbeit zu. Das Aufbauen dauerte nur einen Vormittag, dann ging es endlich los. Zur ersten Vorstellung strahlte den Gästen von der Zirkuskuppel ein tiefes Blau entgegen.

A 2 Floß, Flöße – Ergebnis, Ergebnisse – Hindernis, Hindernisse – Kürbis, Kürbisse – Gruß, Grüße – Fluss, Flüsse – Biss, Bisse – Bus, Busse – Kuss, Küsse – Kloß, Klöße

A 3 Mark Twain wurde am 30. November 1835 in einem kleinen Dorf in Florida geboren. Das Dorf zählte nur etwa hundert Einwohner, sodass die Geburt des kleinen Jungen ein großes Ereignis darstellte. Dieses Dorf hatte nur zwei echte Straßen, die übrigen Wege waren lediglich Fußwege entlang der riesigen Maisfelder. Bei nassem Wetter überzog die Wege ein zäher Schlamm, bei trockenem eine feine Staubschicht. Die meisten Häuser waren einfache Blockhäuser.

A 4 Selbst die Kirche war ganz aus Holz. Der Bohlenboden bestand aus groben Stämmen und war nicht mit Teppich bedeckt. Wenn jemand zufällig etwas fallen ließ, so verschwand dies auf Nimmerwiedersehen zwischen den Spalten der großen Bretter. Da die Kirche auf kurzen Holzpflöcken stand, hausten dort unten Schweine, Katzen und Hunde, die den Gottesdienst des Pfarrers störten, wenn die Tiere nicht gerade schliefen. An Wochentagen wurde die Kirche als Schule benutzt. Es gab auch ein Geschäft im Dorf, dessen Besitzer mein Onkel war. Es war ein sehr bescheidener Laden, in dem es lediglich ein paar Gerätschaften wie Besen, Äxte, Hacken und dergleichen zu kaufen gab.

7 Zeichensetzung

Ü 1 Schenken Sie uns fünf Minuten Aufmerksamkeit! Es geht um die Sicherheit Ihrer Kinder./! Immer mehr Kinder sterben im Straßenverkehr. Das muss nicht sein! Wollen Sie noch länger tatenlos zusehen? Durch Geschwindigkeitsbegrenzungen könnten viele Unfälle vermieden werden. Wir Eltern setzen uns dafür ein. Machen auch Sie bei unserer Aktion mit!

Ü 2 vgl. Übung 3

Ü 3 **Frage mit Fragewort:** Wo warst du gestern? Wie alt ist sie? Wer war das? Warum fragst du?
Satz- bzw. Entscheidungsfrage: Bist du sauer? Hast du mich gesehen?

Ü 4 Das Schiff fuhr nach Ostindien und ich hatte als Arzt nicht viel zu tun. Doch eines Nachts gerieten wir in einen fürchterlichen Sturm. Welch ein Unwetter zog über uns her! Nach mehreren Tagen Kampf gegen die Naturgewalten zerbrach die „Antilope“ und versank. Was sollte jetzt aus mir werden? Ich trieb ohne Hoffnung auf Rettung allein auf den Wellen durch die dunkle Nacht. Da, plötzlich fühlte ich Grund unter meinen Füßen! Wo war ich? Ich stolperte durch den nassen Sand und betrat festen Boden. Nirgends sah ich Zeichen menschlichen Lebens. Nun, fürs Erste war ich gerettet! Beruhigt schlief ich ein.
Am nächsten Morgen wollte ich mich wohlig in der warmen Sonne räkeln. Doch was war das? Ich konnte mich nicht bewegen! Jetzt wollte ich mich aufsetzen. Es misslang! Noch nicht einmal den Kopf konnte ich bewegen! Was war in der Nacht geschehen?
Mit langsamen Bewegungen versuchte ich, den Kopf aus seiner seltsamen Starre zu befreien. Nach Verlust mehrerer Haare konnte ich den Kopf wenigstens so weit bewegen, dass ich an mir hinunterschauen konnte. Ich war von Kopf bis Fuß gefesselt! Doch wer hatte dieses Kunststück vollbracht?

Ü 5 2. Ich bekomme die Tür nicht auf.
3. Kannst du nicht mal still sein?
4. Es ist höchste Zeit, aufzustehen.
5. Würdest du bitte vorlesen?

Ü 6 Die Hauptsätze sind fett hervorgehoben, alle anderen Sätze sind Nebensätze:
Eine Stadtmaus ging einmal spazieren, als ihr eine Feldmaus begegnete. **Die Feldmaus gab der Stadtmaus gerne von ihren Vorräten ab.** Weil die Feldmaus aber nur Früchte des Waldes und Feldes besaß, **lud die Stadtmaus sie zu einem Besuch bei sich ein. Ihre Speisekammer war randvoll mit herrlichen Speisen. Es gab Brot, Schinken, Speck, Kuchen und allerlei mehr. Da kam aber der Besitzer der Speisekammer herein und die Mäuse suchten zitternd vor Angst ein Versteck. Die Stadtmaus floh sofort in ihr Mäuseloch.** Da die Feldmaus sich aber nicht auskannte, **fand sie kein sicheres Versteck und wäre beinahe umgekommen. Nach diesem Erlebnis wollte die Feldmaus schnell wieder nach Hause. „Bleibe du ruhig eine feine Stadtmaus. Ich will ein armes Feldmäuschen bleiben und bescheiden meine Eicheln und Nüsse essen. Hier in der Stadt fühle ich mich nicht sicher,** weil es überall Gefahren gibt. **Allein auf dem Land bin ich frei und sicher in meinem Feldlöchlein.“**

Ü 7 1. Bis wir uns wiedersehen, werde ich jeden Tag an dich denken.
2. Ich denke an dich und wir sehen uns bestimmt wieder.
3. Wir treffen uns in Hamburg oder wir sehen uns in Berlin wieder.
4. Das erste Mal sahen wir uns in Hamburg, das nächste Mal trafen wir uns in Berlin.
5. Für nächstes Jahr planen sie einen gemeinsamen Urlaub oder sie bleiben zu Hause.
6. Obwohl ein gemeinsamer Urlaub geplant war, blieben sie lieber zu Hause.

Ü 8 **Lösungsvorschlag:**
Für die Zubereitung einer Biskuitrolle benötigt man 4 Eier, 150 g Zucker, eine Prise Salz, 2 Esslöffel warmes Wasser, 100 g Mehl, 2 Teelöffel Backpulver und 2 Päckchen Vanillepuddingpulver. Zuerst wird steif geschlagenes Eiweiß mit Zucker, Salz und Wasser in eine Schüssel getan und alles mit einem Mixer schaumig gerührt. Dann muss das Eigelb vorsichtig untergezogen werden. Danach wird das Mehl, das Backpulver und das Puddingpulver gesiebt, dadurch gemischt und vorsichtig mit der Eier-Zuckermasse verrührt. Der Teig wird auf einem Backblech gleichmäßig verteilt und bei 180° C etwa 20 Minuten gebacken. Anschließend wird der noch warme Biskuit auf ein gezuckertes Geschirrtuch gestürzt, gerollt und muss dann auskühlen. Die Rolle kann mit Sahnecreme, Marmelade, Schokocreme oder Fruchtquark gefüllt werden.

Ü 9 Kleine, quirlige Kinder – zwei unvorsichtige Vierjährige – die unübersichtliche alte Hauptstraße – weißes, süßes und kleines Kaninchen – mit schweren, schmerzenden und langwierigen Verletzungen

Ü 10 „Das ist nicht recht, Vater", **schimpft er**, „dass Ihr ..." – **Er spricht**: „Das ist nicht recht, ..." – „... Steigt sofort ab!", **ruft er**. – „Ihr seid drei kuriose Gesellen", **wundert er sich**.

Ü 11 **1.** „Mir gefällt die Geschichte überhaupt nicht!", schimpft Peter.
2. „Warum?", fragt Katrin nach. „Ist doch wirklich lustig, dass die beiden sich so durch andere verunsichern lassen."
3. „Und außerdem", fügt Maria hinzu, „ist die Vorstellung, dass ein Esel getragen wird, echt komisch."
4. „Aber die ganze Zeit passiert immer dasselbe: Ein Wanderer kommt, ein Wanderer kommt und so weiter", meckert nun auch Tom.
5. „Ach, ihr Jungs habt doch keine Ahnung!", ereifert sich Verena. „Ihr wisst doch gar nicht, was eine gute Geschichte ..."
6. Die Lehrerin fällt Verena ins Wort: „Nun mal langsam. Jeder darf hier sagen, wie ihm die Geschichte gefällt."

Ü 12 **Lösungsvorschlag:**
Paul kommt aufgeregt zu seinen drei Freunden Christopher, Lisa und Laura gelaufen: „Das waren tolle Ferien! Ich war in Amerika und habe dort einen Jungen kennengelernt. Er heißt Steven und schreibt mir jede Woche." „Meine Ferien waren leider ziemlich langweilig", meint Laura, „denn ich war bloß bei meiner Oma in Kleinniederheuersfeld. Hoffentlich werden die nächsten Ferien besser!" Betrübt zeigt Lisa auf ihr Bein: „Was soll ich denn sagen? Ich lag vier Wochen mit einem gebrochenen Bein im Krankenhaus. Da habe ich dann eben viel gelesen." „Wenigstens hattest du Ruhe. Ich habe einen schreienden Bruder bekommen", erzählt Christopher. „Ich bin vor dem Geschrei jeden Tag ins Schwimmbad geflohen."

Ü 13 **1.** Frieda klagt: „Meine Mutter schimpft immer mit mir: ‚Putz dir die Schuhe ab!'"
2. In der Zeitung stand: „Die Polizei ließ gestern die frohe Botschaft verkünden ‚Das verschwundene Mädchen ist wieder aufgetaucht' und hat dies heute noch einmal bestätigt."
3. Kalle erzählt seinem Freund: „Der Zugführer rief ‚Einsteigen bitte!' und der Zug setzte sich in Bewegung."

Check-up Kapitel 7

A 1 **1.** „Wenn ich das geahnt hätte, hätte ich dich sicher nicht gehen lassen!", schimpfte mein Vater. **2.** „Nein", betonte der Mann, „das Geschäft bleibt geschlossen!" **3.** „Was willst du?", fragte ich sie. **4.** „Gib mir mal dein Heft!", bat mich Klaus. **5.** „Ist es wirklich wahr", fragte sie entgeistert, „dass ihr heiratet?" **6.** Die Köchin rief: „Das Essen ist fertig!"
7. Der Lehrer erklärte: „Der Dativ ist der Wem-Fall." **8.** „Der Dativ", fuhr der Lehrer fort, „ist der Wem-Fall."
9. „Zweifellos werden wir uns morgen sehen", versprach Lisa ihrem Freund. **10.** „Kannst du mir mal helfen?", bat Helena.

A 2 Die Hauptsätze sind fett hervorgehoben, alle anderen Sätze sind Nebensätze:
Als ich im November per Kutsche von Frankfurt nach Weimar reisen wollte, **nahm ich eine Kammerfrau mit. Es war ein langer, beschwerlicher Weg,** weil die Straßen schlecht waren und überall Räuberbanden lauerten. **Bis Hanau kamen wir recht gut voran,** obgleich unser Pferd gefallen war. **Gleich dahinter fing das Unglück aber an.**
Obwohl die Nacht schon hereingebrochen war, **waren wir an zahlreichen Gasthöfen vorbeigefahren,** da wir die Ausplünderung in diesen Spelunken fürchteten. **Da aber blieben wir in einem Loch stecken und mussten uns nun doch ein Quartier suchen,** wenn wir die Nacht nicht unter freiem Himmel verbringen wollten.

A 3 Der Wirt eines nahe gelegenen Gasthofes bot uns sofort ein Zimmer an. „Der Wagen ist hin. Ihr müsst morgen einen Schmied holen lassen!" Doch ich traute dem Wirt nicht. So begab ich mich in der Nacht zu unserem Wagen und sah mit Entsetzen, wie der Wirt mein Gepäck untersuchte. Kaum eine Viertelstunde später saßen wir wieder in unserem Wagen und kämpften uns durch die Nacht.
Doch plötzlich stand der Wagen still. „Was ist denn los?", fragte meine Kammerfrau den Kutscher. „Das Pferd ist gestürzt und kann nimmermehr aufstehen", antwortete dieser und ging los, um Hilfe zu holen. So saßen wir zwei Frauen zwei Stunden nach Mitternacht mutterseelenallein mitten in einem großen, unheimlichen Wald in unserer Kutsche und warteten auf Hilfe. Erst als der Morgen dämmerte, kam unser Kutscher mit einem Pferd zurück und wir konnten die beschwerliche Fahrt fortsetzen.

Das 3-fach-Prinzip für bessere Noten

Die Lernhilfenreihe „Einfach klasse in“ für die 5. bis 10. Klasse überzeugt durch ihren besonderen Aufbau:

- Übersichtlich strukturiert in die drei Lernbausteine **Wissen – Üben – Testen**
- Alle wichtigen Lernbereiche einer Klassenstufe in einem Band zusammengefasst
- Mit persönlichem Klassenarbeitsplaner
- Nach den neuesten Bildungsplänen der Bundesländer entwickelt

DEUTSCH

Einfach klasse in
Deutsch 5. Klasse
ISBN 978-3-411-72151-1

Einfach klasse in
Deutsch 6. Klasse
ISBN 978-3-411-72161-0

Einfach klasse in
Deutsch 7. Klasse
ISBN 978-3-411-72251-8

Einfach klasse in
Deutsch 8. Klasse
ISBN 978-3-411-72261-7

Einfach klasse in
Deutsch 9. Klasse
ISBN 978-3-411-72411-6

Einfach klasse in
Deutsch 10. Klasse
ISBN 978-3-411-72421-5

ENGLISCH

Einfach klasse in
Englisch 5. Klasse
ISBN 978-3-411-72131-3

Einfach klasse in
Englisch 6. Klasse
ISBN 978-3-411-72141-2

Einfach klasse in
Englisch 7. Klasse
ISBN 978-3-411-72271-6

Einfach klasse in
Englisch 8. Klasse
ISBN 978-3-411-72281-5

Einfach klasse in
Englisch 9. Klasse
ISBN 978-3-411-72591-5

Einfach klasse in
Englisch 10. Klasse
ISBN 978-3-411-72601-1

MATHEMATIK

Einfach klasse in
Mathematik 5. Klasse
ISBN 978-3-411-72171-9

Einfach klasse in
Mathematik 6. Klasse
ISBN 978-3-411-72181-8

Einfach klasse in
Mathematik 7. Klasse
ISBN 978-3-411-72431-4

Einfach klasse in
Mathematik 8. Klasse
ISBN 978-3-411-72441-3

Einfach klasse in
Mathematik 9. Klasse
ISBN 978-3-411-72571-7

Einfach klasse in
Mathematik 10. Klasse
ISBN 978-3-411-72581-6

FRANZÖSISCH

Einfach klasse in
Französisch 1. Lernjahr
ISBN 978-3-411-72741-4

Einfach klasse in
Französisch 2. Lernjahr
ISBN 978-3-411-72751-3

LATEIN

Einfach klasse in
Latein 1. Lernjahr
ISBN 978-3-411-72721-6

Einfach klasse in
Latein 2. Lernjahr
ISBN 978-3-411-72731-5

Jeder Band:
128 Seiten. Kartoniert, mit Umschlagklappen

Weitere Bände in Vorbereitung

Stichwortfinder